Spiel dich schlau mit kahoot!

Lust auf eine Quiz-Runde? Hinten im Buch findest du drei QR-Codes, die dich direkt zu drei verschiedenen Quizzen führen. Du kannst sie allein oder als Challenge mit deinen Freunden spielen.
Mit dem Handy oder Tablet Code scannen, Nickname eingeben und losspielen.

- **Im Training** Wenn du das Buch gelesen hast, sollte dir das erste Quiz nicht schwer fallen.
- **Profi-Runde** Du meinst, du kennst dich schon richtig gut aus im Thema? Dann probier doch das zweite Quiz!
- **Pics Challenge** Du willst dein Wissen in Bildern testen? Dann ist das dritte Quiz das richtige für dich.

Dabei gibt es verschiedene Fragetypen: Von Wahr-Falsch-, Schätz-, Eingabe- und Multiple-Choice-Fragen ist alles dabei.

Welche ist die längste Eisenbahnstrecke der Welt?

- Transsibirische Eisenbahn
- Tibet-Bahn
- Bernstein-Express
- Orient Silk Road Express

**Für jede richtige Antwort gibt es Punkte.
Wer am Ende die meisten gesammelt hat, gewinnt.**

MEMO WISSEN

EISENBAHNEN

Puzzle *Thomas, die kleine Lokomotive*

Wappen der Midland-Bahn

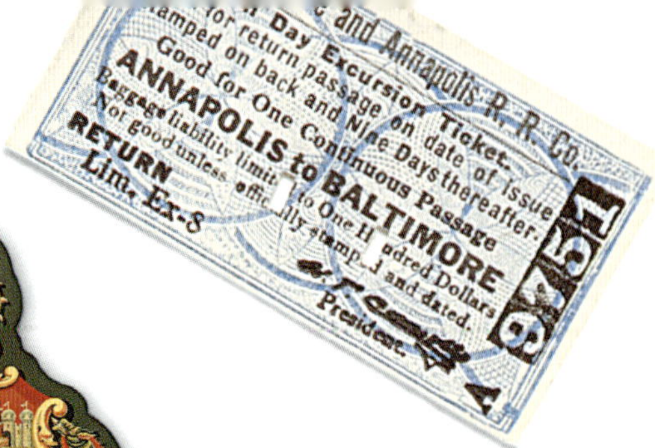

Bahnfahrkarte

Modell einer *Norris*-Lokomotive (1843)

Bahntelegraf

Dampflok *Duchess of Hamilton* (1938)

Schlagstöcke der Bahnpolizei

MEMO WISSEN
EISENBAHNEN

von **John Coiley**

Metallpfeife

Französischer Freifahrtschein

Dampflok *Columbine* (1845)

DK

Spitzenlicht des königlichen Zuges

Fahrkarten

Taschenuhr aus dem späten 19. Jh.

Lektorat Christine Webb, Helen Parker, Priyanka Kharbanda, Kingshuk Ghoshal, Carron Brown, Francesca Baines, Andrew Macintyre, Liz Wheeler, Jonathan Metcalf
Gestaltung und Bildredaktion Ann Cannings, Julia Harris, Vikas Chauhan, Deepshikha Walia, Aparajita Sen, Vishal Ghavri, Govind Mittal, Pawan Kumar, Rakesh Kumar, Ashok Kumar, Chrissy Barnard, Philip Letsu, Karen Self
Extra Fotos Mike Dunning
Umschlaggestaltung Juhi Sheth, Surabhi Wadhwa-Gandhi, Sophia MTT
Herstellung Robert Dunn, Jude Crozier

Fachliche Beratung Anthony Coulls

Für die deutsche Ausgabe:
Redaktionsleitung Martina Glöde
Herstellungskoordination Bianca Isack
Herstellung Stefanie Staat

Titel der englischen Originalausgabe:
Eyewitness Train

Mechanisches Flügelsignal

Producing booklab GmbH, München

ISBN 978-3-8310-4933-2
5902-328180-23476-03

Druck und Bindung Golden Prosperity Printing & Packaging (Heyuan) Co., Ltd.

FSC MIX Papier | Fördert gute Waldnutzung FSC® C018179

www.dk-verlag.de

www.kahoot.com

Waggonschlüssel

Handglocke

Modell einer amerikanischen Dampflok (1875)

Inhalt

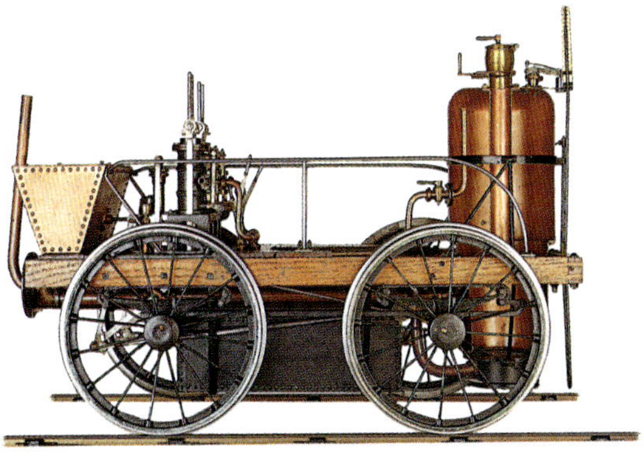
Das Innenleben der Dampflok *Novelty* (1829)

Was ist ein **Zug?**

Ein Zug ist eine Reihe von Fahrzeugen auf Rädern, die von einer Lokomotive über Schienen gezogen werden. Die ersten Züge wurden noch von Menschen und später von Pferden geschoben oder gezogen. Mit der Erfindung der Dampflokomotive zu Beginn des 19. Jahrhunderts änderte sich das. Die Eisenbahn wurde ein beliebtes Transportmittel. Denn die neuen Dampfzüge waren sehr stark und schnell. Ab Mitte des 20. Jahrhunderts kamen Diesel- und Elektromotoren zum Einsatz.

Muskelkraft

Die ersten Züge transportierten in Bergwerken Kohle. Für den Bau längerer Bahnstrecken brauchte man sehr viele Arbeiter. Mit einfachen Werkzeugen und bloßen Händen verlegten sie Schienen und errichteten Brücken und Tunnel.

Personenzüge

In den 1820er- und 1830er-Jahren bestanden die Züge, die Menschen beförderten, aus offenen Waggons mit Sitzen (S. 28–29). Später wurden die Waggons mit Licht, Heizung und Toiletten ausgestattet. Auf längeren Strecken gab es Schlaf- und Speisewagen.

Ausflüge

Ende des 19. Jh. waren Eisenbahnen ein vertrauter Anblick. Die Menschen auf dem Land konnten nun ganz bequem in die Städte reisen. Umgekehrt konnten Menschen aus der Stadt Ausflüge aufs Land oder ans Meer machen.

Nachbildung eines Wagens der 1. Klasse, der 1830 in Großbritannien fuhr

Elektrische Lokomotiven

Elektrische Loks fuhren um 1890 in London bereits unter der Erde (S. 56–57). Ihren Strom beziehen sie aus Oberleitungen oder von Stromschienen neben den Gleisen. Sie sind schneller, leiser und sauberer als Diesel- oder Dampflokomotiven.

Transport von Gütern

Die ersten Züge wurden für den Transport von Gütern wie Kohle gebaut (S. 26–27). Auch heute wird noch immer viel mit der Bahn transportiert, aber weniger als früher. Viele Güter sind in Lkws auf der Straße unterwegs.

Diesellokomotiven

In Europa fuhren die ersten Personenzüge mit Dieselloks in den 1930er-Jahren. Heute werden Dieselloks überall auf der Welt benutzt (S. 40–41).

Antrieb einer Lok

Auf dem Bild unten siehst du den Nachbau eines Zugs, der von einer Dampflok gezogen wurde. Heute kommen meist Diesel- oder Elektroloks zum Einsatz.

Nachbildung der *Rocket* („Rakete“) von Robert Stephenson (1829)

Die ersten **Eisenbahnen**

Schon vor der Erfindung der Dampflok fuhren Wagen auf Schienen. Für schwere Lasten gab es Wagen mit Rädern, die auf Schienen aus Holz liefen. Erst später wurde Eisen für die Schienen verwendet. Damit die Räder auf den Schienen blieben, waren diese entweder L-förmig oder die Räder hatten einen Spurkranz, der sie auf den glatten Schienen hielt. Vor der Dampflok wurden die Wagen von Menschen oder Pferden bewegt.

Wie war es früher?

Frühe Völker wie die Babylonier und Sumerer bauten Straßen aus Steinplatten. Da die Oberfläche dieser Straßen uneben war, schlug man Rillen in den Stein. So rutschten die Räder der Fahrzeuge nicht weg. In den Ruinen von Pompeji (oben) kann man solche Rillen noch sehen.

Pferdewagen

In Großbritannien transportierten die ersten Schienenbahnen Kohle von Bergwerken zu Flüssen. Oft ging es dabei bergab, daher brauchte man keine „Zugkraft“. Die leeren Wagen zogen Pferde wieder nach oben. Damit die Tiere Kraft sparten, wurden sie in Wagen nach unten gebracht.

In diesem Wagen fuhren die Pferde bergab.

Postkutsche

Vor der Eisenbahn war die Postkutsche das schnellste Verkehrsmittel. Sie erreichte eine durchschnittliche Geschwindigkeit von etwa 11 km/h. Waren die Pferde müde, tauschte man sie unterwegs einfach aus.

Von Menschen bewegt

Dieses Bild von 1752 ist die erste Abbildung einer britischen Eisenbahn. Man sieht darauf, dass damals Räder mit einem Wulst (Spurkranz) benutzt wurden.

Schwere Last

Diese Pferdebahn in Großbritannien wurde 1815 für den Transport von Kohle gebaut. Die Schienen waren aus Gusseisen. Die Wagen hatten Spurkranzräder und wurden von Pferden gezogen.

Japanische Pferdebahn

Um etwa 1900 wurden Bahnwagen auf der ganzen Welt oft von Pferden gezogen.

Kohletransport

Ein voll beladener Kohlewaggon fährt von selbst bergab zum Fluss. Der Bremser sorgt dafür, dass er nicht zu schnell rollt. Das Pferd läuft am Zügel hinterher.

Eisenbahn in Deutschland

Ab dem 18. Jh. fuhren in Deutschland Pferdebahnen. Erst 1835 wurde die erste Dampfeisenbahn in Betrieb genommen (S. 16–17).

Kohlewaggon

Mit diesem Waggon aus Holz (Chaldron genannt) wurde im Nordosten Englands Kohle transportiert. Im Bergwerk wurde er mit Kohle beladen. Dann rollte er zum Fluss. Dort fiel die Kohle über eine Klappe im Boden in das darunter wartende Schiff.

Die Menge an Kohle, die in einen Waggon passte, wurde mit der Maßeinheit „Chaldron" bezeichnet.

Das Zeitalter der **Dampfkraft**

1712 baute Thomas Newcomen eine Dampfmaschine, die James Watt 1769 weiterentwickelte. Viele Erfinder versuchten, Fahrzeuge zu bauen, die mit Dampfkraft angetrieben wurden. Aber erst zu Beginn des 19. Jahrhunderts gab es die ersten brauchbaren Dampflokomotiven. Sie mussten stark genug sein, um schwere Lasten zu ziehen. Außerdem sollten sie wenig Lärm und Rauch verursachen. Und sie mussten auf Schienen laufen, die unter ihrem Gewicht nicht zerbrachen.

Catch Me Who Can

1804 baute Richard Trevithick eine Dampflok, die einen Zug mit mehreren Kohlewaggons und 70 Arbeitern ziehen konnte. Auf dem Bild siehst du ein Modell seiner Lok *Catch Me Who Can*.

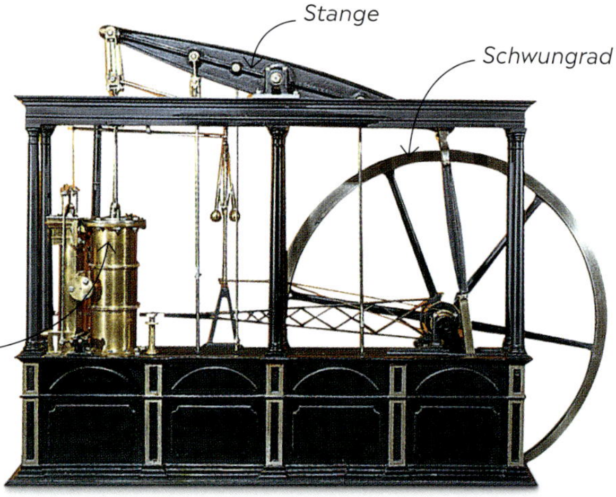

James Watts Dampfmaschine

1769 baute James Watt eine Dampfmaschine, um Wasser aus Bergwerken zu pumpen. Der Dampf in dem Zylinder drückte einen Kolben nach oben. Wurde der Dampf abgelassen, bewegte sich der Kolben wieder nach unten. Mit einer Stange am Ende des Kolbens wurde ein Schwungrad angetrieben. Diese Maschine war viel zu groß und zu schwer für eine Lokomotive.

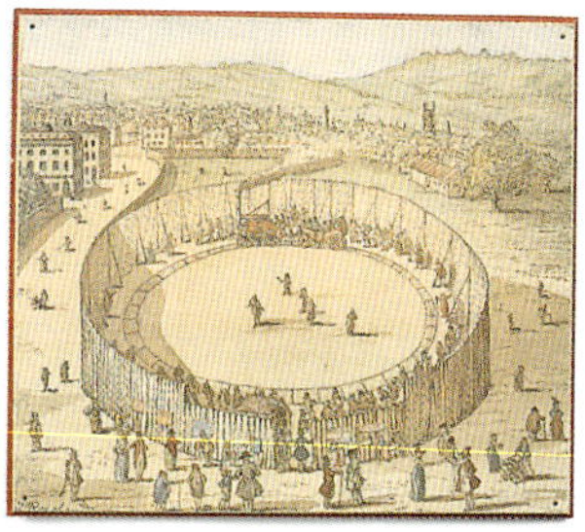

Eine Attraktion

Diese Abbildung zeigt die Dampflokomotive *Catch Me Who Can*, die Richard Trevithick 1808 gebaut hat. Sie zog einen Wagen mit Personen im Kreis herum.

Zu Wasser und zu Land

1804 baute der Amerikaner Oliver Evans ein Fahrzeug, das an Land und auf dem Wasser fahren konnte. Für die Fahrt auf dem Wasser wurden die Räder entfernt.

Zahnräder

Frühe Loks wie die auf dem Bild von 1812 hatten einen Zahnradantrieb, damit die Räder nicht auf den glatten Schienen rutschten. Dabei greift ein Zahnrad in eine Zahnstange neben den Schienen.

Chaos

Auf dem Bild von 1828 hat ein Künstler die Angst ausgedrückt, dass Dampffahrzeuge auf den Straßen von London (Großbritannien) zu Chaos führen.

Kohleschaufel

Puffing Billy ist eine der zwei ältesten Dampflokomotiven der Welt.

Puffing Billy

Puffing Billy wurde 1813 von dem Briten William Hedley als Lokomotive für Kohlewaggons gebaut. Da es Beschwerden wegen Lärm und Rauch gab, wurde die Lok umgebaut. Nun strömte der Dampf erst durch eine Kammer, bevor er in den Schornstein kam.

Dampfloks in Europa

Die Eisenbahn zwischen Liverpool und Manchester war so beliebt, dass auch andere Länder Dampfloks in Betrieb nahmen. Das Bild zeigt einen deutschen Zug von 1837.

Die Dampfloks **setzen sich durch**

Der Brite George Stephenson hatte einen Plan. Überall in Großbritannien und in der restlichen Welt sollten mit Dampf betriebene Eisenbahnen fahren. Deshalb gründete er mit seinem Sohn Robert im Jahr 1823 eine Fabrik. Dort bauten sie Dampfloks für Großbritannien und die ganze Welt. Weil Dampflokomotiven sehr stark, robust und zuverlässig waren, waren sie bald schon überall beliebt und im Einsatz.

Ihre Arbeitsweise blieb lange Zeit fast unverändert. Dann beendeten Diesel- und elektrische Loks schließlich das Dampfzeitalter.

Best Friend of Charleston

In den USA war *Best Friend of Charleston* die erste erfolgreiche Dampflokomotive. Sie fuhr ab 1830 und beförderte regelmäßig Personen.

Direktoren von Eisenbahngesellschaften durften ihr ganzes Leben umsonst Bahn fahren. Oben siehst du einen Freifahrtschein von 1830.

Dampf für alle

Die Bahngesellschaft Stockton and Darlington Railway in Großbritannien betrieb ab 1825 die erste öffentliche Eisenbahn der Welt. Zuerst zogen die Dampfloks nur Güterzüge. Ab 1833 fuhren auf der Strecke dann auch Personenzüge.

Die *Novelty*

1829 ging man in Rainhill (Großbritannien) auf die Suche nach einer geeigneten Lok für die neue Strecke zwischen Liverpool und Manchester. Einer der Kandidaten war die *Novelty*. Sie war eine sehr schnelle Lokomotive, funktionierte aber auch oft nicht.

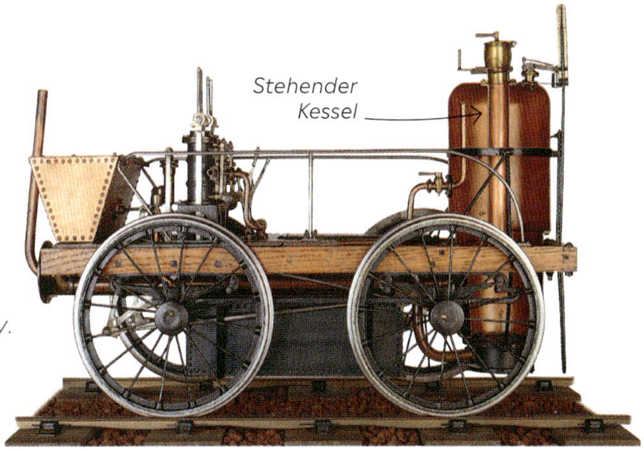

Modell der *Novelty*

Amerikanische Klassiker

Mitte des 19. Jh. fuhren in den USA die ersten Personenzüge mit Dampfloks. Diese hatten ein großes Spitzenlicht, eine Warnglocke und einen Schienenräumer aus Holz, um Tiere von den Gleisen zu entfernen.

RÜCKBLICK

Erstklassige Werbung

1830 fuhr die Schauspielerin Fanny Kemble mit dem Zug von Liverpool nach Manchester. Sie schrieb: „Ich schloss meine Augen und dieses Gefühl von Fliegen war entzückend und unbeschreiblich einzigartig." Diese Aussage machte Bahnfahren noch beliebter.

Die *Rocket* erreichte eine Geschwindigkeit von
45 km/h.

Flying Scotsman

Ab 1920 gab es weltweit schnelle Züge. Berühmt war der *Flying Scotsman*. Er fuhr auf der 633 km langen Strecke zwischen London und Edinburgh (Großbritannien).

Der Sieger

Die *Rocket* ist eine der berühmtesten Lokomotiven der Welt. 1829 gewann sie das „Rennen von Rainhill", einen Wettbewerb für Lokomotiven. Sie wurde von dem britischen Ingenieur Robert Stephenson gebaut.

Diese Briefmarke aus Polen zeigt eine Lok von Robert Stephenson.

Wie eine **Dampflok funktioniert**

Dampflokomotive aus den USA

Alle Dampflokomotiven arbeiten auf die gleiche Art und Weise: Zunächst wird in einer Kammer ein Kohlefeuer entfacht. Damit wird Wasser in einem Kessel erhitzt und es entsteht Dampf. Dieser Dampf bewegt einen Kolben. Und mit dieser Bewegung werden über Stangen die Räder angetrieben. Es dauert etwa drei Stunden, bis eine Lokomotive genug Dampf hat, um loszufahren.

Im Führerstand

Eine Dampflok brauchte einen Lokführer und einen Heizer. Der Lokführer regelte die Geschwindigkeit. Der Heizer sorgte dafür, dass das Feuer brannte und genug Wasser im Kessel war. Nur so hatte die Lok ständig Dampf. Außerdem achtete der Heizer zusammen mit dem Lokführer auf die Signale, vor allem in Kurven.

Verschiedene Räder

Lokomotiven haben Räder in verschiedenen Größen. Diese hier hat vier kleine vordere Laufräder, sechs große Treibräder und zwei kleinere Nachlaufräder.

Das passiert in einer Dampflok

Heiße Rauchgase strömen aus der Feuerbüchse durch die Rohre im Wasserkessel und erhitzen das Wasser. Dabei entsteht Dampf. Dieser Dampf strömt zu den Zylindern. Dort kommt er erst von einer Seite in den Zylinder und dann von der anderen Seite. Dadurch wird ein Kolben hin- und herbewegt. Der Kolben ist über eine Treibstange und eine Kurbel mit den riesigen Treibrädern der Lok verbunden. Durch die Bewegung des Kolbens fangen die Räder an, sich zu drehen. Wenn sich der Zylinderkolben hin- und herbewegt, dreht sich das Rad einmal.

Die Lokomotive hat sechs verbundene Treibräder, auf jeder Seite drei.

Züge erobern **die Welt**

Im Jahr 1830 wurde in Großbritannien die erste „moderne“ Eisenbahn in Betrieb genommen. Sie zog Neugierige aus der ganzen Welt an. Danach bauten auch andere Länder Eisenbahnen auf. Die Teile für die Lokomotiven, Waggons und Gleise kamen meistens aus Großbritannien. Erst später fingen manche Länder an, die Teile selbst herzustellen. Ab etwa 1835 verkauften die USA Dampfloks nach Europa. Die Eisenbahn hat das Leben, den Handel und das Reisen in vielen Ländern stark verändert.

Die *Adler*

1835 ging die erste deutsche Eisenbahnstrecke zwischen Nürnberg und Fürth in Betrieb. Die Lok wurde in Großbritannien gebaut und hieß *Adler*.

Indische Lokomotive

Oben siehst du das Modell einer typisch britischen Dampflok. Es gab Jalousien an den Fenstern des Führerstands und ein großes Spitzenlicht. Solche Loks fuhren für die ostindische Eisenbahngesellschaft.

Züge in Japan

In Japan wurde 1872 die erste Eisenbahnlinie eröffnet, auf der eine Dampflok fuhr. Dieser Holzschnitt aus dem 19. Jh. zeigt den damals modernen Zug neben traditionellen japanischen Verkehrsmitteln.

Besondere Wünsche

Diese Lok wurde um etwa 1935 in Großbritannien gebaut. Sie ist extra stark, weil sie für lange Strecken in China bestimmt war. Daher brauchte sie einen großen Tender, um genug Wasser und Kohle dabeizuhaben.

Start in Paris

Dieses Bild zeigt den ersten Dampfzug in Frankreich. Er fuhr ab 1837 die etwa 20 km lange Strecke von Paris nach Le Pecq.

Aus den USA

Dies ist das Modell einer Lok, die 1843 in den USA gebaut wurde. Sie wurde in Österreich auf steilen und kurvigen Strecken eingesetzt.

Gelenklokomotiven kamen in vielen Ländern zum Einsatz.

Gelenklokomotive

Diese britische *Garratt*-Lok fuhr 1909 in Tasmanien (Australien). Mit dem beweglichen Triebwerk war sie ideal für kurvige Strecken.

Der goldene Nagel

Am 10. Mai 1869 wurde die Eisenbahnstrecke zwischen dem Pazifik und dem Atlantik fertiggestellt. Der letzte Nagel war aus Gold. Nun konnte man quer durch die USA fahren.

Die Eisenbahn **in den USA**

Die Eisenbahn veränderte das Leben der Menschen, besonders in den USA. In Europa wurden Strecken gebaut, um Städte zu verbinden. Aber in den USA entstanden manche Städte erst da, wo die Eisenbahn vorbeikam. Ab 1869 konnten Amerikaner ihr Land mit dem Zug durchqueren. Zu Beginn des 20. Jahrhunderts lebten die meisten Nordamerikaner nicht weiter als 40 km von einer Eisenbahnlinie entfernt. Durch das Auto und Flugzeuge wurde das Zugfahren immer weniger beliebt. Heute wächst das Interesse wieder.

Durch den hohen Schornstein brannte das Feuer besser und die Lok brachte mehr Leistung.

Das Rad hat einen Kranz.

Besonderheit

Stourbridge Lion war die erste Dampflokomotive mit Spurkranzrädern in den USA. Sie wurde 1829 in Großbritannien gebaut und sah der britischen Lok *Agenoria* (oben) ähnlich.

Tom Thumb

1830 fuhr die kleine Lok *Tom Thumb* zum ersten Mal versuchsweise zwischen Baltimore und Ohio (USA). Sie nahm an einem berühmten Rennen teil und verlor gegen eine Pferdebahn.

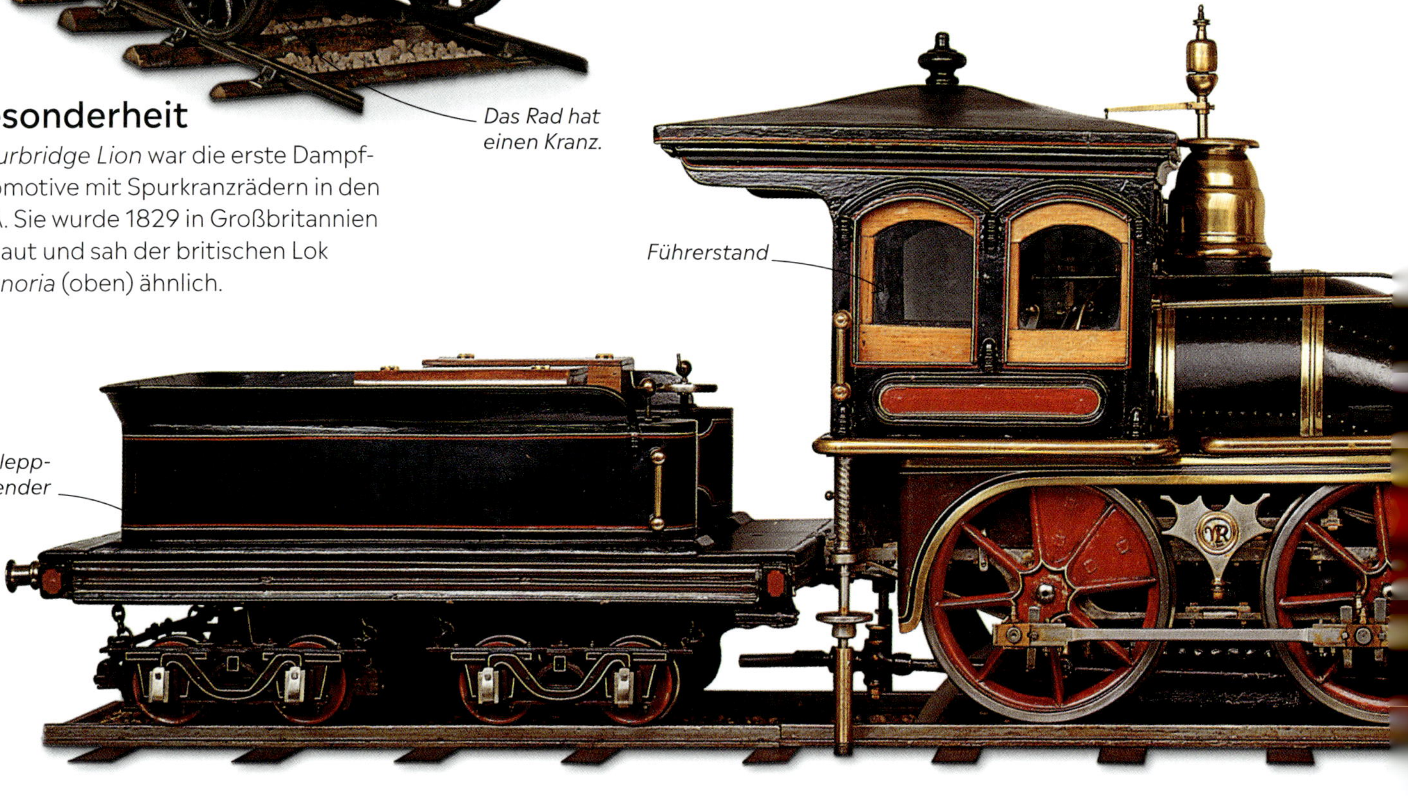

Führerstand

Schlepp-Tender

De Witt Clinton

Der erste Dampfzug im Bundesstaat New York (USA) wurde 1831 von der Lok *De Witt Clinton* gezogen. Die Fahrgäste saßen in und auf den Waggons.

Gut für die Zukunft

Für die Entwicklung der USA war der Ausbau der Eisenbahn wichtig. Die Verbreitung der Eisenbahn sorgte dafür, dass Städte entstanden, wuchsen und Menschen gut leben konnten.

Unruhige Zeiten

Oft griffen indigene Stämme Züge an. Das taten sie, weil sie sich von den neuen Siedlern, aber wohl auch von den lauten Zügen selbst bedroht fühlten. Sie versuchten nur, ihre Heimat und Lebensweise zu verteidigen.

Gelenkachse

Der Schienenräumer verhinderte, dass Tiere die Lok entgleisen ließen.

John Bull

Diese Lokomotive wurde nach Entwürfen von Robert Stephenson gebaut. Da sie leicht entgleiste, bekam sie als erste Lokomotive eine extra Gelenkachse vorn.

Modell einer Lokomotive von 1875, die mit Kohle betrieben wurde

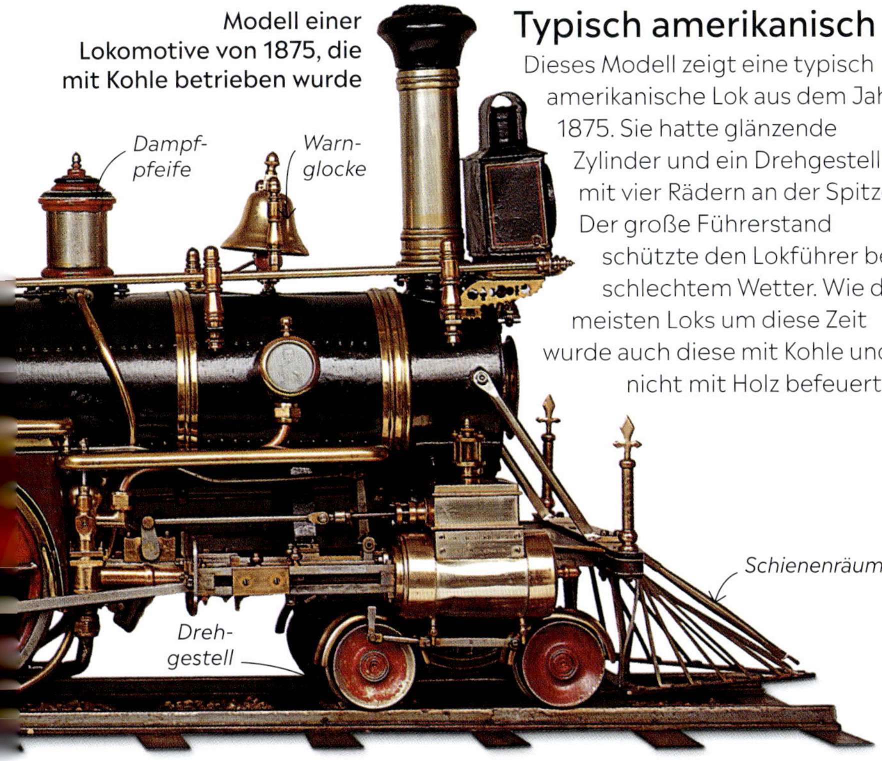

Typisch amerikanisch

Dieses Modell zeigt eine typisch amerikanische Lok aus dem Jahr 1875. Sie hatte glänzende Zylinder und ein Drehgestell mit vier Rädern an der Spitze. Der große Führerstand schützte den Lokführer bei schlechtem Wetter. Wie die meisten Loks um diese Zeit wurde auch diese mit Kohle und nicht mit Holz befeuert.

Schienenräumer

Wenn sich Tiere wie Büffel auf die Gleise legten, bestand die Gefahr, dass die Züge entgleisten. Mit dem Schienenräumer wurden die Tiere einfach weggeschoben. Warnglocke, Pfeife und Spitzenlicht halfen, Zusammenstöße zu vermeiden.

Spitzhacke

Der Bau der **Strecken**

Bis ein Zug fahren kann, ist viel Arbeit nötig. Da Züge keine steilen Hügel hinauffahren können, müssen sie sie oft umfahren. Dadurch werden die Strecken viel länger. Als Erstes bestimmen Ingenieure die Strecke. Dabei achten sie darauf, wie stark die Steigungen sein dürfen und welche Züge dort fahren sollen. Die Strecke muss so eben wie möglich sein. Daher werden oft Tunnel und Brücken gebaut. Steile Anstiege und Abfahrten werden zum Beispiel durch Kurven vermieden.

Unglaubliche Leistung

Früher wurden Felsdurchbrüche wie dieser aus dem Jahr 1831 mit einfachem Werkzeug ausgeführt. Dazu benötigte man eine Menge Arbeiter und es dauerte viele Jahre.

Harte Arbeit

Die ersten Eisenbahnstrecken wurden mit einfachem Werkzeug wie dieser Spitzhacke gebaut. Außerdem kamen Schaufeln, Holztragen, Schubkarren und Holzgerüste zum Einsatz. Schießpulver wurde verwendet, um Felsen wegzusprengen.

Amerikanische Arbeiter (1885)

Die Arbeiter

Im 19. Jh. wurden Eisenbahnstrecken in den USA von großen Trupps von Arbeitern gebaut. Sie lebten in Waggons und der Dampfzug fuhr immer auf den neu verlegten Schienen weiter. Mit ihrem Dampf sorgte die Lok für Heizung und Warmwasser. Um Bahndämme zu errichten, nutzte man Erde und Steine aus Felsdurchbrüchen.

Der Bau von Brücken

Um eine Brücke über einen Fluss zu bauen, muss erst in der Mitte eine Art Insel aufgeworfen werden oder es werden Pfeiler in das Flussbett gestellt. Diese Bogenbrücke bestand aus Holz und stand auf Holzträgern. Solche Brücken wurden häufig für Eisenbahnstrecken verwendet.

Modell einer Bogenbrücke aus Holz von 1848

Brücken für Züge

Es gibt verschiedene Eisenbahnbrücken. Mit Auslegerbrücken lassen sich gut breite Flüsse überqueren. Bogenbrücken haben auf dem Abschnitt einen Bogen, der die Gleise trägt. Manchmal werden Brückenarten auch gemischt wie bei der Royal Albert Bridge (rechts). Entworfen wurde diese Brücke 1859 von Isambard Kingdom Brunel.

Zeichnung der Royal Albert Bridge in der Nähe von Plymouth (Großbritannien)

RÜCKBLICK

Hervorragender Ingenieur

Isambard Kingdom Brunel (1806–1859) war erst 19 Jahre alt, als er den Bau des Themse-Tunnels in London leiten sollte. Seine Entwürfe haben das Zeitalter der Eisenbahn geprägt. Er plante auch spektakuläre Brücken und Schiffe. Und er war für den Bau der Great Western Railway in Großbritannien verantwortlich.

Ankunft und Abfahrt

Bahnhöfe (S. 48–49) wurden gebaut, um Passagieren das Reisen zu erleichtern. Außerdem werden ihnen dort bestimmte Dienstleistungen angeboten.

Wer zahlt?

In den USA wurde der Bau von Eisenbahnen früher oft mit vom Staat ausgegebenen Anleihen und Aktien bezahlt. Dieses Wertpapier war 1000 Dollar wert.

Eurotunnel

1994 wurde der 50,4 km lange Eurotunnel eröffnet. Der Bau der ersten Bahnverbindung zwischen Großbritannien und Frankreich (S. 62–63) dauerte sechs Jahre. Riesige Bohrmaschinen arbeiteten sich von beiden Seiten aufeinander zu. Sie blieben später unter der Erde. Es war zu schwierig, sie zu holen.

Brücken über breite Flüsse müssen so hoch sein, dass Schiffe darunter durchfahren können.

Hindernisse **überwinden**

Zug fährt Schiff
Mitte des 19. Jh. wurden die ersten Eisenbahnfähren in Betrieb genommen. Von 1924–1945 fuhr *Train Ferry 3* (oben) zwischen Harwich (Großbritannien) und Zeebrugge (Belgien).

Da die Eisenbahn immer beliebter wurde, mussten viele neue Strecken gebaut werden. Dabei gab es Hindernisse zu überwinden wie Täler, Berge oder Flüsse. Im Lauf der Zeit gelang das immer besser durch neue Techniken. Man grub Tunnel durch Berge und baute Brücken über tiefe Täler und Schluchten. Auch die Lokomotiven wurden immer stärker. So konnten sie selbst steile Strecken bewältigen und enge Kurven fahren. Heute gibt es viele Hochgeschwindigkeitszüge, die auf speziellen Strecken unterwegs sind.

Über das Wasser
Die Eisenbahnbrücke Forth Bridge über den Meeresarm Firth of Forth in Großbritannien wurde 1890 eröffnet. Sie ist die älteste Auslegerbrücke der Welt (S. 20–21) und wird heute noch genutzt.

Touristenattraktion
Im 19. Jh. fuhren immer mehr Touristen mit der Dampfeisenbahn in die Berge. 1896 wurde die *Snowdon Mountain Railway* in Großbritannien eröffnet. Sie war eine Zahnradbahn und konnte auch steile Hänge erklimmen.

Mount Washington Cog Railway
Die erste Zahnradbahn der Welt wurde 1869 in New Hampshire (USA) in Betrieb genommen. Sie nutzte eine Zahnstange aus Schmiedeeisen, die wie eine Leiter aussah.

Modell einer Tenderlok des Typs Kitson-Meyer, gebaut 1903

Ausdauer

Für Strecken mit steilen Hängen und engen Kurven brauchte man sehr starke Lokomotiven. Die waren aber nicht nur schwer, sondern auch lang. Damit sie enge Kurven fahren konnten, hatte der Teil mit dem Kessel schwenkbare Räder (Drehgestell).

Rigi-Bahn

1873 fuhr erstmals eine Zahnradbahn mit Dampflok auf den Berg Rigi in der Schweiz. Eine Zahnstange lag zwischen den Schienen und die Lok hatte ein Zahnrad, das über die Stange lief. So konnte die Lok den Zug nach oben ziehen.

Berühmte Brücke

Die Sydney Harbour Bridge in Sydney (Australien) ist ein Wahrzeichen der Stadt. Bei ihrer Eröffnung 1932 trug sie zwei Eisenbahngleise, zwei Straßenbahngleise, sechs Fahrspuren, einen Fußweg und einen Radweg. 1964 wurden die Straßenbahngleise durch Fahrspuren ersetzt.

Die Auslegerbrücke Forth Bridge in Großbritannien ist Weltkulturerbe.

Signale für Weichen
Bei großen Bahnhöfen gibt es oft viele Schienen, die durcheinanderlaufen. Damit Züge Gleise wechseln und die Richtung verändern können, braucht es spezielle Weichen.

Stabile Schienen

Schon lange vor der Erfindung der Dampflok gab es Schienen. Sie wurden in Bergwerken genutzt. Sie bestanden aus Gusseisen und waren nicht stark genug, um schwere Loks zu tragen. Deshalb ersetzte man sie durch Schienen aus Schmiedeeisen. Erst seit 1857 sind sie aus Stahl. Sie wurden aber ständig verbessert, weil Züge schneller und auch schwerer wurden. Heute sind die Schienen miteinander verschweißt. Dadurch sind Züge viel leiser geworden. Der Abstand zwischen den Schienen heißt „Spurweite".

Schwerstarbeit
Schienen sind lang und sehr schwer. Um sie anzuheben und zu verlegen, benötigte man früher viele Arbeiter.

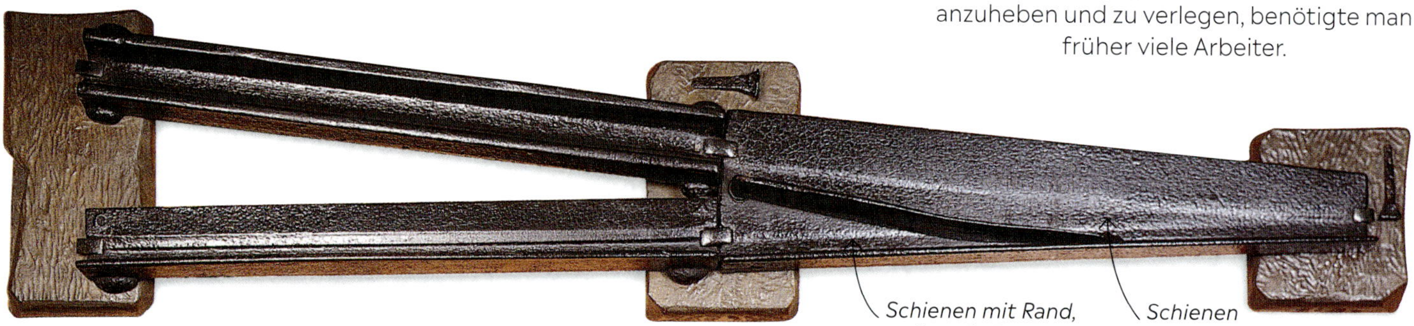

Schienen mit Rand, sodass die Räder nicht abrutschten

Schienen kommen zusammen.

Stück einer frühen Weiche (1799)

Die ersten Weichen
Waggons mussten oft von einem Gleis zu einem anderen wechseln. Um das möglich zu machen, wurden die Gleise durch Weichen verbunden. Die ersten Weichen bestanden aus Schienen mit einseitigem Rand (oben). Später wurden sie durch glatte Schienen ersetzt.

Doppelkopfschiene (1870)

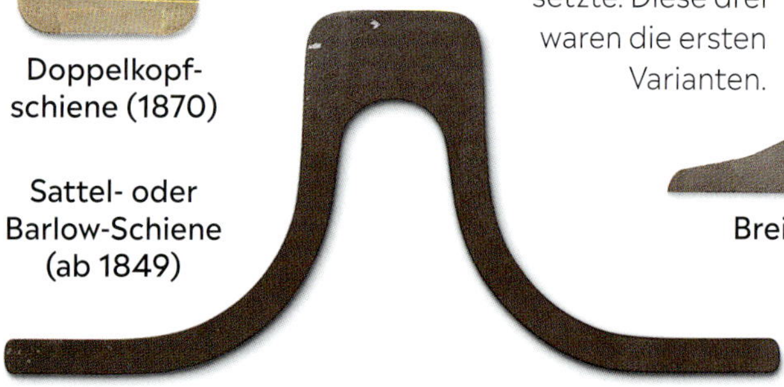

Sattel- oder Barlow-Schiene (ab 1849)

Schienenformen
Es wurden viele Schienenformen ausprobiert, bis sich die Breitfußschiene durchsetzte. Diese drei waren die ersten Varianten.

Schienenkopf

Diese Schienenform gab es in Großbritannien seit etwa 1850.

Breitfußschiene (1884)

Winkelschiene

Diese frühen Schienen aus Gusseisen aus dem Jahr 1808 waren kurz und lagen auf Steinschwellen.

Gefährliche Zeiten

In alten Filmen gibt es oft Szenen, in denen Gleise oder Züge vorkommen. Hier wird die Heldin an ein Gleis gefesselt.

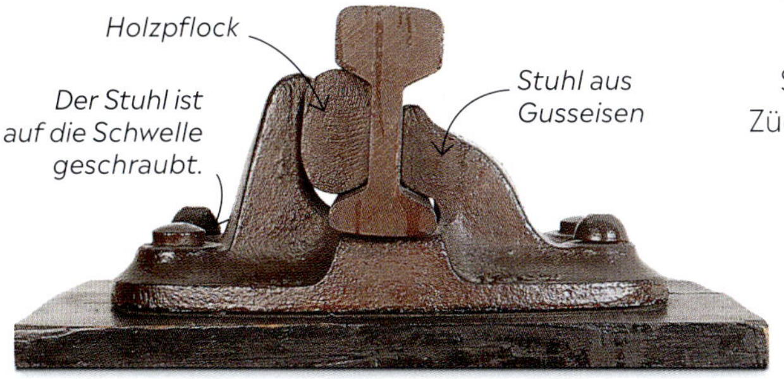

Doppelkopfschiene

Hier sieht man, wie ein Holzpflock die Schiene in dem Schienenstuhl aus Gusseisen festhält. Der Stuhl ist an einer Holzschwelle festgeschraubt.

Umsteigen

Schwierig wurde es, wenn Züge mit verschiedenen Spurweiten aufeinandertrafen. Dann mussten die Passagiere umsteigen. Das war mit viel Gepäck nicht angenehm.

Breitfußschiene

Moderne Breitfußschienen bestehen aus Stahl. Sie liegen auf einer Art Gummimatte und sind mit einer Klemme aus Stahl an einer Betonschwelle festgemacht.

Fischbauchschienen

Diese Schienen aus Gusseisen hießen so, weil sie unten eine Wölbung („Bauch") hatten. So konnten sie schwerere Züge tragen.

Spurweite messen

Mit speziellen Stahlschienen wird der Abstand zwischen Schienen bestimmt. Diesen Abstand nennt man Spurweite. Gemessen wird von Innenkante zu Innenkante. In den meisten Ländern Europas und in Nordamerika beträgt die Spurweite 1435 mm.

Güter**züge**

Die ersten Züge waren Güterzüge. In den Waggons hatten sie Kohle geladen. Zu Beginn waren es nur zwei oder drei einfache Waggons, die von Pferden gezogen wurden. Als die Dampflokomotiven (S. 10–11) diese Arbeit übernahmen, wurden die Züge länger. So konnte man auch mehr Güter transportieren. Anfangs fuhren alle Güterzüge ziemlich langsam. Sonst hätten ihre Bremsen sie im Notfall nicht schnell genug stoppen können. Heute gibt es diese Probleme nicht mehr. Deshalb sind auch Güterzüge sehr schnell.

Mit der Bahn

Diese Briefmarke der DDR zeigt, was Züge transportieren können.

Lasten umladen

Heute transportieren Güterzüge riesige Container voller Waren. Diese haben alle die gleiche Größe (S. 62–63). Sie lassen sich gut stapeln und direkt auf ein Schiff, einen Lkw oder in ein Flugzeug umladen. Früher mussten Waren oft umgepackt werden.

Bremserwagen

Die Waggons alter Güterzüge waren nicht alle mit Bremsen ausgestattet. Um den Zug zu stoppen, konnten nur die Bremse in der Lokomotive und die Handbremse im Bremserwagen gleichzeitig betätigt werden. Deshalb fuhren Güterzüge nicht schneller als 50 km/h.

Rangierstab mit Metallhaken

Sicherheit geht vor

Lange Zeit waren die Waggons mit drei Ketten verbunden. Ein Rangierer musste die Waggons verbinden oder loskoppeln. Das war nicht ungefährlich. Um Verletzungen zu vermeiden, benutzte er diesen Holzstab mit einem Metallhaken.

Milchtankwagen

Dank der neuen Eisenbahn konnten Milch und Fisch schneller in die Städte gebracht werden. In den 1930er-Jahren gab es für Milch spezielle Tankwagen.

Schlusslicht

Züge haben ein rotes Schlusslicht. Dieses moderne Licht hat eine Batterie und blinkt.

Um 1955 wurden die meisten Güterzüge in den USA von Dieselloks gezogen.

Sperrige Fracht

Heute transportieren Güterzüge sperrige Lasten in speziellen Waggons mit Bremsen. Die kann der Lokführer bedienen. Daher können Güterzüge wie dieser gefahrlos über 100 km/h schnell fahren.

Waggon mit Kohle aus dem Bergwerk Stanton in Nordengland

Kohlewaggon

In Großbritannien wurde Kohle lange in einfachen Waggons transportiert, die den Bergwerken gehörten. Meistens wurden sie automatisch von oben befüllt, aber oft mussten Arbeiter die Kohle mit Schaufeln abladen.

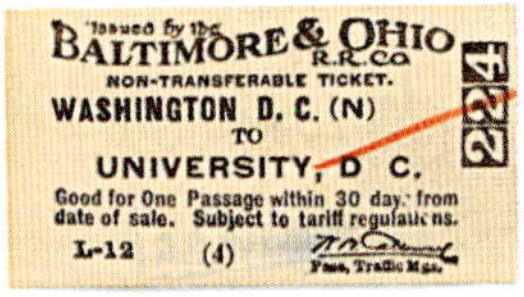

Fahrkarte 1. Klasse aus den USA

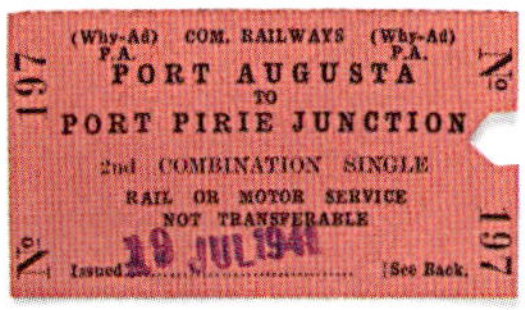

Australische Fahrkarte 2. Klasse

Britische Fahrkarte 3. Klasse

Fahrkarten

Diese Fahrkarten sehen aus wie die ersten Fahrscheine von 1837.

Erste, zweite und **dritte Klasse**

Die ersten öffentlichen Personenzüge waren bei Weitem nicht so bequem wie die Züge heute. Damals gab es nicht zwei, sondern drei verschiedene Klassen. In der ersten Klasse hatte man ein geschlossenes Abteil mit Glasfenstern und gepolsterten Sitzen. Die zweite Klasse war ein Großraumwagen mit Sitzen und in der dritten Klasse konnten die Passagiere nur stehen. Mit der Zeit wurden die Züge mit Heizung, Licht, Toiletten und Speisewagen ausgestattet.

Am Anfang

Auf dem Bild von 1830 sind zwei Züge zu sehen. Auf den geschlossenen Wagen der ersten Klasse befinden sich Gepäck und Wächter. Die Waggons der zweiten und dritten Klasse sind offen.

Privates Abteil

In der ersten Klasse reisten die Passagiere in geräumigen Abteilen. Dort konnten sie sich ungestört unterhalten.

Fahrt in ein neues Leben

Die Erfindung der Eisenbahnen und Dampfschiffe führte im 19. Jh. dazu, dass viele Menschen von Europa nach Nordamerika auswanderten. Wenn sie den Atlantik überquert hatten, fuhren sie meist in überfüllten Zügen nach Westen.

Erste Klasse

Die Reisenden der ersten Klasse hatten bequeme Sitze und viel Platz. Sie genossen eine angenehme, ruhige Reise, weil sie am weitesten von den Rädern und deren Erschütterungen entfernt waren.

Zweite Klasse

Verglichen mit der ersten Klasse war das Abteil der zweiten Klasse einfacher und kleiner. In Großbritannien schaffte man diese Abteile bald nach dem Bau dieses Wagens ab.

Dritte Klasse

Dieses Abteil war am einfachsten und kleinsten. Trotzdem war es viel bequemer als die anfänglichen Abteile der dritten Klasse. Da sich darunter die Räder befanden, war die Fahrt holprig und laut.

RÜCKBLICK

Mehr Komfort

Die Ingenieurin Olive Dennis (1885–1957) aus den USA machte Personenzüge noch bequemer. Dank ihrer hilfreichen Erfindungen wie verstellbarer Sitze und Flaschenwärmer für Babys wurde das Reisen deutlich angenehmer.

Harte Zeiten

Anfangs war die dritte Klasse nicht sehr angenehm. In einem Abteil drängten sich drei- bis viermal so viele Passagiere wie in der ersten Klasse.

Schlüssel

Wurde ein Wagen nicht gebraucht, wurde er mit einem solchen Schlüssel abgesperrt.

Drei in einem

Dieser Zug von 1904 (unten) war ungewöhnlich. Denn er hatte Abteile der ersten, zweiten und dritten Klasse in einem Waggon, aber ohne Verbindungstüren. Jedes Abteil hatte eine eigene Toilette.

Mit dieser Marke fuhren Bahnmitarbeiter umsonst erste Klasse.

Reisen mit **Stil**

Schlafwagenkarte (USA)

Ab etwa 1850 wurden die Züge in Europa und den USA immer bequemer. In der ersten Klasse gab es Heizung, Licht, Toiletten und Verpflegung. 1865 führte der Geschäftsmann George Pullman für die erste Klasse erst den Luxus-Schlafwagen und anschließend elegante Speisewagen ein. Für Passagiere, die länger unterwegs waren, ließen die Bahngesellschaften neben den Bahnhöfen Hotels bauen. Das Bahnfahren war so richtig stilvoll – aber nur für Menschen, die es sich leisten konnten.

Freifahrtschein (Frankreich)

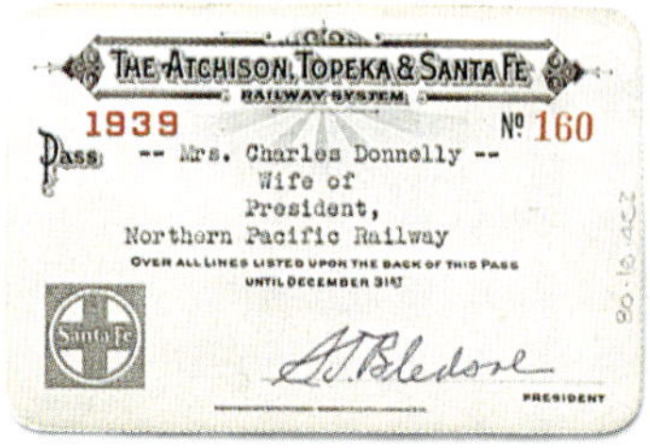

Freifahrtschein der Atchison, Topeka & Santa Fe Railway (USA)

Edles Porzellan

In Speisewagen der ersten Klasse wurde das Essen auf edlem Porzellangeschirr serviert. Dieses Geschirr aus den 1930er-Jahren hat einen hübschen Goldrand mit Rosen.

Freifahrtschein

Direktoren der Bahngesellschaften erhielten Freifahrtscheine, um weltweit erste Klasse zu fahren.

Feines Essen

In einem Speisewagen der ersten Klasse aß man genauso gut wie in einem teuren Restaurant. Dazu gab es eine ständig wechselnde Aussicht.

Lust auf einen Cocktail?

In den 1930er-Jahren konnten in Großbritannien Reisende der ersten Klasse sogar Cocktails bestellen. Jede Eisenbahngesellschaft hatte ihr Logo für Gläser, Besteck und Porzellan.

Modisch reisen

Bilder von eleganten Reisenden aus den 1920er- und 1930er-Jahren werden heute manchmal noch für Bahn-Werbung verwendet.

Wer war es?

Berühmte Luxuszüge kamen in vielen Romanen und Filmen vor, etwa im Buch *Mord im Orient-Express* (1934) von Agatha Christie.

Symbol für Luxus

Von 1874 bis in die 1980er-Jahre waren auch in Großbritannien Pullman-Wagen im Einsatz. Sie trugen außen ein Luxuswappen mit zwei Löwen.

Lange Fahrt

Um 1870 boten Pullman-Wagen in den USA Reisenden bereits alles, was sie für lange Fahrten brauchten. Sonntags wurden sogar Kirchenlieder gesungen.

Schön verzierte Holzverkleidung

Klingel für den Zugbegleiter

Pullman-Stil

Der Pullman-Wagen „Topaz“ von 1914 (links und unten) war purer Luxus. Die Pullman-Wagen waren in Großbritannien bekannt für ihre schönen Holzverkleidungen. Vor jedem Sitz gab es einen Tisch mit Glasplatte und einer Lampe aus Messing. Mit einer Klingel konnte man den Zugbegleiter rufen. Am Ende eines Wagens gab es Abteile mit vier Plätzen, Coupés genannt.

Fenster der Toilette

Messinggriffe

Im Stellwerk

Stellwerke sind sehr wichtig für die Sicherheit der Züge. Früher winkten Menschen mit Fahnen oder Stöcken, um dem Lokführer zu zeigen, dass er ab- oder weiterfahren durfte. Musste ein Zug das Gleis wechseln, wurde die Weiche mit der Hand bedient. Durch die Einführung des elektrischen Telegrafen Mitte des 19. Jahrhunderts konnten Bahnwärter Signale senden. Das führte dazu, dass mehrere Züge in einem festen Abstand zueinander hintereinander auf demselben Gleis fahren konnten. Die Signale und Weichen wurden vom Stellwerk aus geschaltet.

Um bei Stromausfall arbeiten zu können, gab es eine Öllampe.

Am Bahnsteig

Auf vielen Bahnhöfen in Frankreich stand die Hebelbank für Signale und Weichen am Bahnsteig. So konnte der Bahnwärter andere Aufgaben erledigen, wenn er kein Signal geben musste.

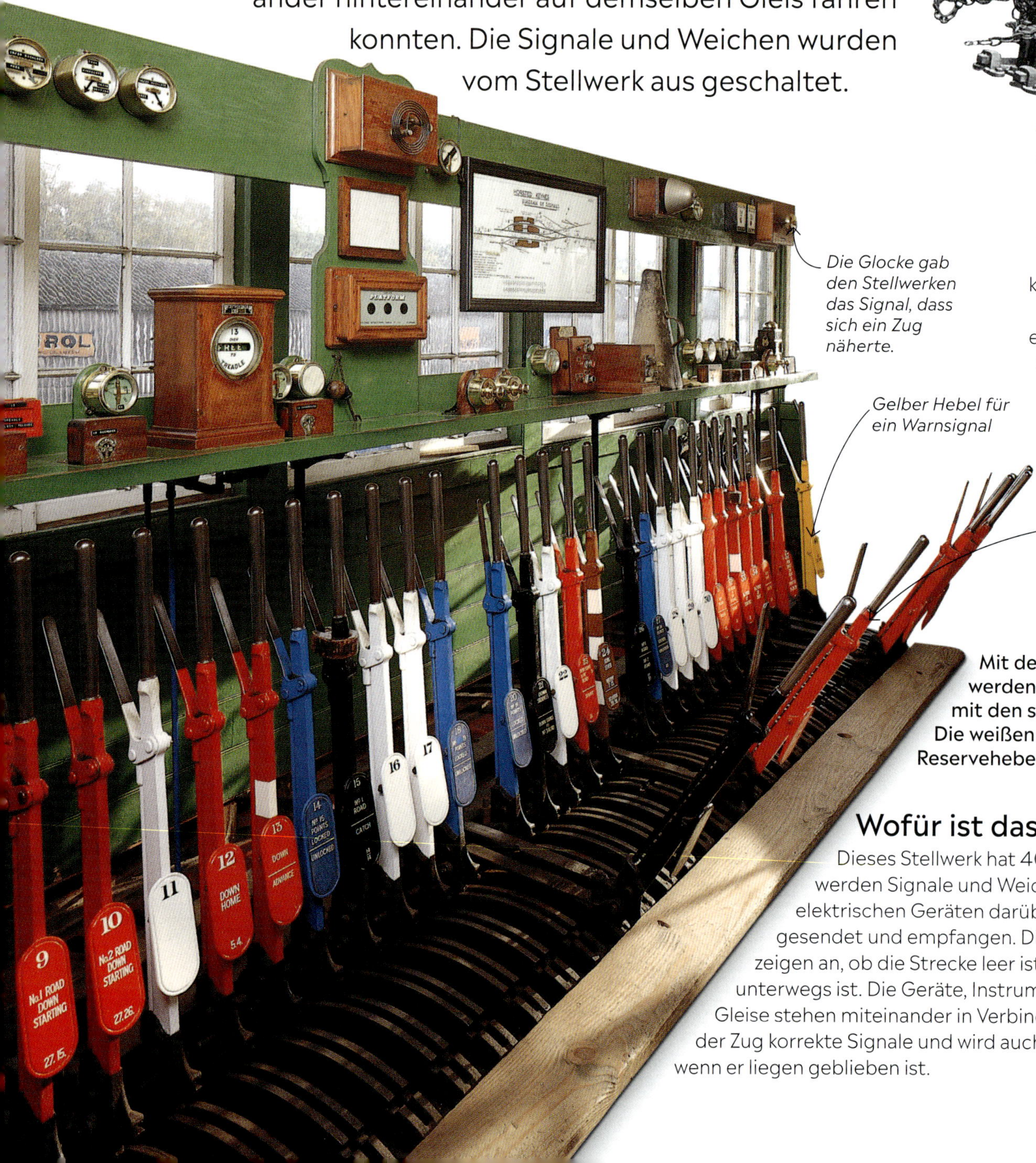

Die Glocke gab den Stellwerken das Signal, dass sich ein Zug näherte.

Gelber Hebel für ein Warnsignal

Zwei rote Hebel für Haltsignale, in der Position „Halten“ oder „Fahren“

Mit den blauen Hebeln werden Weichen entsperrt, mit den schwarzen verstellt. Die weißen Hebel sind Reservehebel.

Wofür ist das?

Dieses Stellwerk hat 40 Hebel. Mit ihnen werden Signale und Weichen bedient. Mit den elektrischen Geräten darüber werden Signale gesendet und empfangen. Die Blockinstrumente zeigen an, ob die Strecke leer ist oder gerade ein Zug unterwegs ist. Die Geräte, Instrumente, Signale und Gleise stehen miteinander in Verbindung. So bekommt der Zug korrekte Signale und wird auch nicht übersehen, wenn er liegen geblieben ist.

Elektrisches Blocksignal für eine eingleisige Strecke

Die Stäbe für die Züge in die Gegenrichtung waren so lange gesperrt, bis die Strecke frei war.

RÜCKBLICK

Tolle Hilfe

Der Streckenwärter James Wide verlor bei einem Eisenbahnunglück in Südafrika beide Beine. Daraufhin brachte er seinem Hauspavian Jack bei, wie er die Signale bedienen musste. Jack tat dies von 1881–1890 ohne Fehler.

Dreifelderblock

Dieses Gerät zeigte dem Bahnwärter den Zustand der Strecke zwischen seinem Abschnitt und dem vorherigen an.

Bahn frei!

Weichen und Signale steuerten Wärter mit den langen Hebeln. Diese waren über Stangen mit den Weichen und über Kabel mit den Signalen verbunden.

Telegraf

Um zu fragen, ob die Strecke frei war, sendete man mit einem Telegrafen Signale an die benachbarten Abschnitte.

Extra Schutz

Wenn auf einer eingleisigen Strecke Züge in beide Richtungen fuhren, waren Signale sehr wichtig. Der Lokführer erhielt einen Metallstab, mit dem er die Strecke umstellte.

Dreifelderblock für Rückmeldungen

Dieser Blockkasten sendete Informationen an den Dreifelderblock. Er zeigte auch den Zustand der Strecke an.

Moderne Stellwerke

Zu Beginn des 19. Jh. bediente man Hebel in den Stellwerken mit der Hand. Heute regeln Computer den Bahnverkehr und alles läuft automatisch. Nur bei Problemen, wenn z. B. ein Zug ausfällt, entgleist oder ein Signal defekt ist, muss der Stellwerkswärter eingreifen.

Eisenbahn**signale**

Bitte halten!
Auf kleinen Bahnhöfen in Australien hielten Fahrgäste den Zug mit einem Blechschild an.

Früher verließen sich Lokführer auf Handzeichen von Bahnwärtern. So wurden Zusammenstöße von Zügen vermieden. Später gab es mechanische Signale. Da die Züge immer schneller wurden, mussten auch die Signale besser werden. Zu Beginn des 20. Jahrhunderts wurden an den Bahnstrecken elektrische Lichtsignale installiert. Diese waren gerade nachts sehr gut zu sehen. Heute sind alle Strecken mit schnellen Zügen mit Farblichtsignalen ausgestattet. Wie die Weichen werden auch sie automatisch im Stellwerk gesteuert.

Steht der rote Flügel waagerecht, heißt das: Stopp!.

Öllampe für Signale

Signallampe

Früher bekam der Lokführer in einem Bahnhof am Tag Signale mit einer Fahne und abends mit einer Öllampe. Die Glasscheibe der Lampe ließ sich drehen: auf Grün (freie Fahrt), Rot (Halt) oder Weiß (zum Leuchten).

Marke eines Bahnwärters

Dienstmarke

Bei der Arbeit trugen die meisten Eisenbahner an ihrer Uniform eine Erkennungsmarke.

Mechanisches Flügelsignal

Der obere Flügel dieses Signals zeigt, ob ein Zug anhalten soll oder nicht. Der untere Flügel ist ein Warnsignal und sagt dem Lokführer, dass er langsam fahren soll. Hier stehen beide Flügel waagerecht. Das bedeutet: Anhalten!.

Bahnpolizei

Früher arbeiteten Bahnpolizisten als Bahnwärter. Sie hatten Signalflaggen in verschiedenen Farben. Damit konnten sie anzeigen, ob die Strecke frei war, der Zug anhalten oder langsam weiterfahren sollte. Sie trugen Armbinden als Erkennungszeichen und hatten für Notfälle Schlagstöcke bei sich.

Armbinde und Schlagstöcke

Wenn ein Zug kommt, wird die Schranke am Bahnübergang heruntergelassen.

Zwergsignal

Auf manchen Rangierbahnhöfen gab es kleine Flügelsignale wie dieses. Es ließ sich mit Strom und mit Luftdruck bedienen.

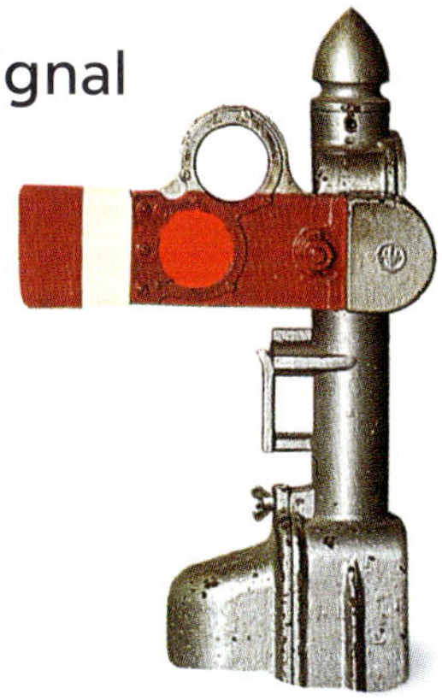

Freie Strecke

Zeigen beide Flügel nach oben, ist die Strecke frei. Der Zug darf mit normaler Geschwindigkeit weiterfahren.

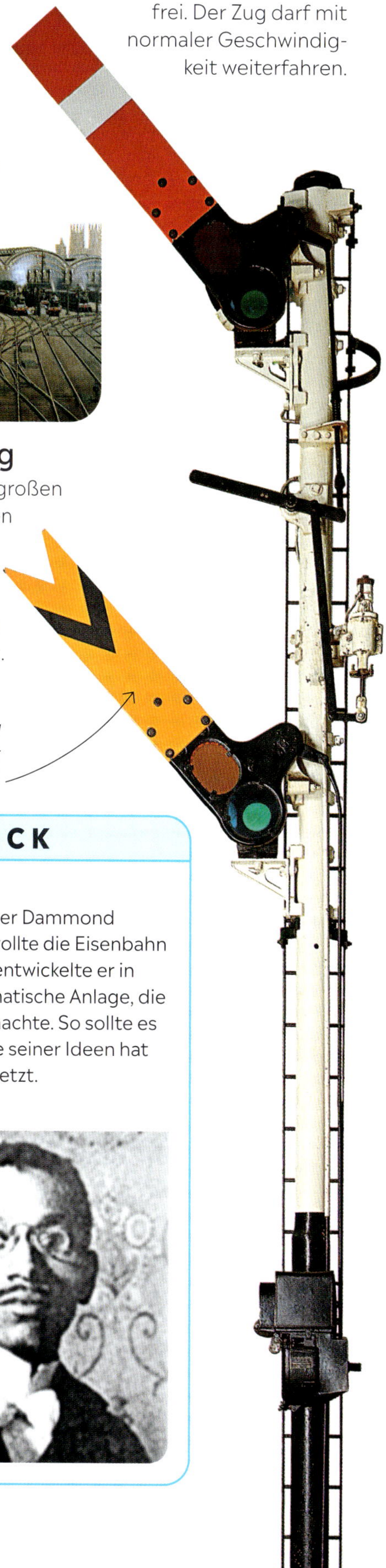

Bahnübergang

In den USA haben die meisten Bahnübergänge keine Schranken. Blinklichter und ein Alarm warnen davor, dass ein Zug kommt.

Einfahrender Zug

Wenn Lokführer in einen großen Bahnhof einfahren, stoßen sie oft auf ein riesiges Netz aus Gleisen. Gut, dass ihnen die Stellung der Signale den Weg zum richtigen Bahnsteig weist.

Langsam weiterfahren

Das rote Haltsignal weist nach oben, aber das gelbe Warnsignal steht waagerecht. Der Zug darf also langsam weiterfahren. Und der Lokführer weiß, dass bald ein rotes Signal folgen kann.

Wenn der gelbe Flügel nach oben geht, ist die Strecke frei.

Das waagerechte gelbe Warnsignal heißt: Langsam weiterfahren!

Moderne Signale

Signale mit LED-Leuchten sind heller als solche mit herkömmlichen Glühbirnen. Außerdem halten sie länger. Eisenbahnen auf der ganzen Welt verwenden heute LED-Signale.

RÜCKBLICK

Für mehr Sicherheit

Der Ingenieur William Hunter Dammond (1873–1956) aus den USA wollte die Eisenbahn sicherer machen. Deshalb entwickelte er in Großbritannien eine automatische Anlage, die Handzeichen überflüssig machte. So sollte es weniger Fehler geben. Viele seiner Ideen hat man erst viel später umgesetzt.

Schnelle Post

Bahnpost in den USA
Diese Lok aus den 1870er-Jahren zieht einen Bahnpostzug. Ledertaschen mit sortierter Post werden abgeworfen. Taschen mit neuer Post hängen an Pfosten.

Der Bahnpostzug war nichts anderes als ein Postamt auf Schienen. Denn die Briefe wurden während der Fahrt bearbeitet. Mit speziellen Geräten wurde die Post neben dem Gleis eingesammelt, dann sortiert und in Ledertaschen verpackt. Diese wurden an bestimmten Stellen an der Strecke wieder abgelegt. Die Geräte zum Einsammeln und Ablegen der Post befanden sich an einem Ende des Zugs. Außerdem gab es im Zug Sortiertische, Sortierfächer und Taschen für die sortierte Post.

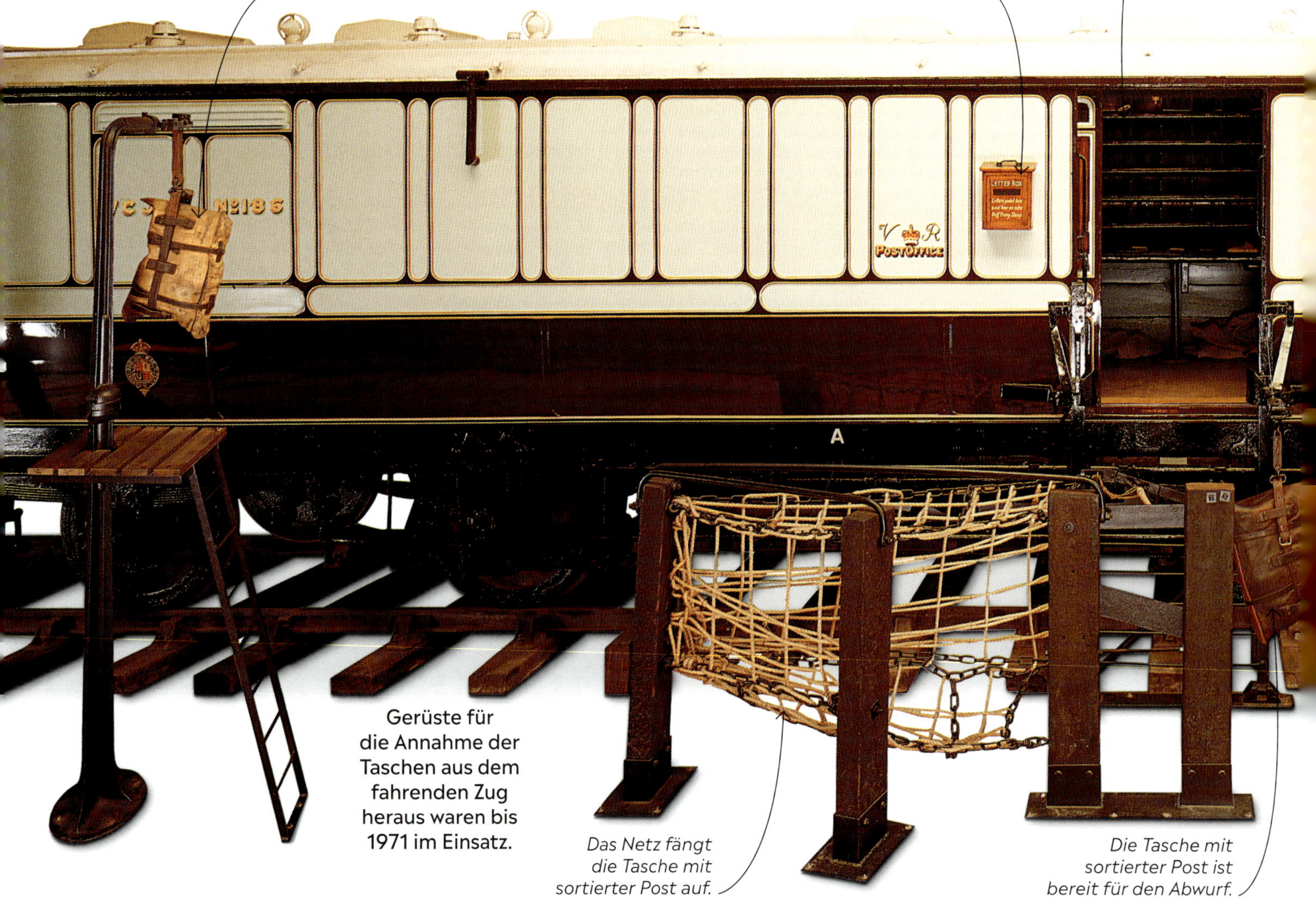

Was gehört wohin?

Die Taschen mit Post wurden auf dem Sortiertisch ausgeleert. Dann wurden die Briefe je nach Zielort in Fächer gesteckt. Die Briefe für einen bestimmten Ort wurden gebündelt und in eine Ledertasche gepackt. Diese wurde an der Strecke abgelegt.

Post und Bahn

Die enge Verbindung von Post und Bahn zeigt diese Briefmarke, die es 1974 in Liberia zu kaufen gab.

Post und Passagiere

Der Bahnpostzug *Irish Mail* fuhr von 1848–2002 zwischen London und Holyhead (an der Westküste Großbritanniens). Er nahm nicht nur Post mit, sondern auch Passagiere.

Die Tasche fällt in das Netz.

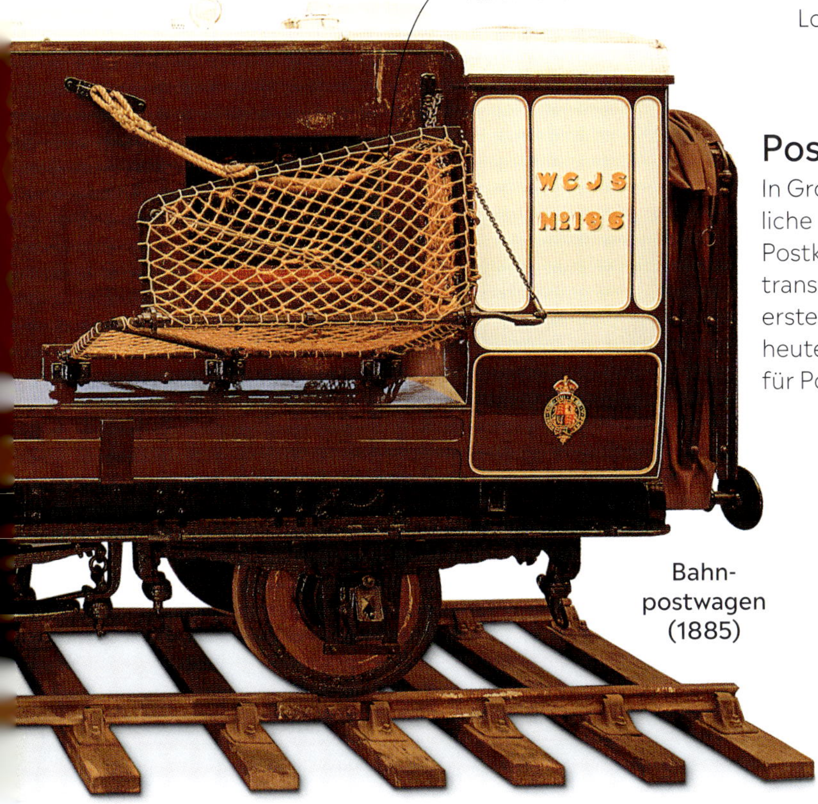

Bahnpostwagen (1885)

Austausch der Post

Neben den Gleisen befanden sich Pfosten, an denen die Taschen mit Post hingen. Sobald der Zug an die Stelle kam, wurde ein Netz ausgefahren und die Tasche fiel in das Netz. Umgekehrt warf ein Arm am Zug Taschen mit sortierter Post in Netze an der Strecke.

Postamt auf Rädern

In Großbritannien wurde die königliche Post ab 1838 nicht mehr mit Postkutschen, sondern mit der Bahn transportiert. In den USA fuhr der erste Bahnpostzug ab 1864. Auch heute noch arbeitet die Eisenbahn für Postdienste überall auf der Welt.

Einsammeln

Auf dieser Karte ist zu sehen, wie ein Bahnpostwagen die Post abholt.

Von der Straße auf die Schiene

Dieses britische Postauto brachte die Post zum örtlichen Bahnhof. Von dort kam sie zu einem größeren Bahnhof und wurde dann in einen Bahnpostzug verladen. In Großbritannien fuhr der letzte Bahnpostzug im Jahr 2004.

Elektrische **Züge**

Gegen Ende des 19. Jahrhunderts wurden die ersten elektrischen Lokomotiven eingeführt. Manche bekamen den Strom über Oberleitungen, andere über Stromschienen neben dem Gleis. Elektroloks haben viele Vorteile. Sie sind nicht nur schneller als Dampf- und Diesellokomotiven. Sie sind auch leiser und einfacher zu bedienen. Der Bau von elektrischen Strecken ist zwar teuer. Aber elektrische Züge brauchen weniger Energie als Dampf- und Diesellokomotiven und sind sauberer. Deshalb werden sie heute auf der ganzen Welt eingesetzt.

In den USA

1895 fuhr in den USA erstmals eine elektrische Lokomotive auf einer Hauptstrecke. Die Strecke in der Stadt Baltimore verlief durch einen Tunnel. Eine Dampflok hätte den Tunnel mit Rauch gefüllt.

Im Jahr 1879
baute Werner von Siemens den ersten zuverlässigen
elektrischen Zug.

Erste Elektroloks

Diese elektrische Lok wurde gebaut, um Güterzüge zu ziehen und Dampflokomotiven zu ersetzen. Die Lok konnte den Strom sowohl über eine Oberleitung als auch über eine Stromschiene neben dem Gleis aufnehmen.

Über den Stromabnehmer auf dem Dach erhält die Lok Strom von der Oberleitung.

Elektrische Lok, 1904 von der britischen North Eastern Railway gebaut

Schnell und sicher

Zu Beginn des 20. Jh. machte die Bahn in Frankreich Werbung mit bunten Plakaten. Dieses warb für die schnellen und sauberen elektrischen Züge, die Paris und Versailles verbanden.

RÜCKBLICK

Werner von Siemens
Der deutsche Ingenieur von Siemens (1816–1892) sorgte 1879 bei einer Ausstellung in Berlin für Aufsehen. Er führte dort den ersten elektrisch betriebenen Personenzug vor. Seine Erfindung beeinflusste weltweit die Entwicklung der Eisenbahn.

Die Entwicklung geht weiter

Heute wird die Elektrifizierung des Streckennetzes stark vorangetrieben. Viele der Hauptstrecken in Deutschland sind bereits mit Oberleitungen ausgestattet. Auch neue, schnellere Zugmodelle lösen alte bereits nach kurzer Zeit ab. Seit 2022 fährt der ICE 3neo (hier im Bild) mit über 300 km/h Spitzengeschwindigkeit über die Schienen und verbindet so viele Städte miteinander.

Sehr, sehr schnell

2007 stellte der französische Zug TGV einen neuen Weltrekord auf. Er erreichte eine Geschwindigkeit von 574,8 km/h. Der orange TGV war von 1981–2020 im Einsatz. Er bestand aus acht Wagen und einer Elektrolok an jedem Ende.

Nahverkehr

Ab 2028 werden in München diese hochmodernen S-Bahn-Züge fahren. Mit 200 m Zuglänge bieten sie Platz für mehr als 1800 Fahrgäste und verbrauchen besonders wenig Energie.

Diesel**kraft**

Mit der Erfindung der Diesel- und der Elektrolokomotive endete das Dampfzeitalter. Der Dieselmotor wurde 1893 von dem deutschen Ingenieur Dr. Rudolf Diesel erfunden. 1897 baute er dann den ersten wirklich zuverlässigen Dieselmotor. Bei den meisten Diesellokomotiven treibt der Motor einen Generator an. Dieser erzeugt elektrischen Strom, der Elektromotoren in der Lok in Gang setzt. Und die bewegen die Räder.

Der Kunststoffüberzug schützt vor Schmutz.

Lokführermütze
Dampflokführer erkannte man an ihren speziellen Kappen. Diese schützten ihre Haare vor Ruß und Kohlenstaub.

Ein Lüfter kühlt den Generator.

Der Dieselmotor
Bei einem Dieselmotor wird Dieselöl in einen heißen Zylinder gespritzt. Das Öl fängt an zu brennen. Diese Energie betreibt einen Generator, der Strom erzeugt. Der Strom setzt einen Elektromotor in Gang, der die Räder bewegt.

Der Generator erzeugt elektrischen Strom, der die Räder bewegt.

Der Dieselmotor treibt den Generator an.

Essenszeit

Lokführer hatten oft etwas zu essen und zu trinken dabei. Die Brotdose und die Kanne stammen aus dem Dampfzeitalter.

Kanne für heiße Getränke

RÜCKBLICK

Erfindung des Dieselmotors
Im Jahr 1893 baute der deutsche Ingenieur Dr. Rudolf Diesel (1858–1913) einen sogenannten Selbstzündungsmotor. Schon um 1900 nutzten viele Loks seine Erfindung. Da der Name des Motors nicht gerade einfach war, nannte man ihn nach seinem Erfinder.

Schneller Dieselzug

Einer der ersten sehr schnellen Dieselzüge war der *Zephyr* aus den USA. Er erreichte 1936 auf der 1609 km langen Strecke von Chicago nach Denver eine durchschnittliche Geschwindigkeit von 134 km/h.

Zeitersparnis

Züge mit Diesel-Elektro-Motoren sollten Zeit und Arbeitskraft sparen. Diese Züge hatten keine Lok, die die Wagen zog. Stattdessen befanden sich die Wagen zwischen zwei dieselelektrischen Triebköpfen. So musste die Lok am Ende der Fahrt nicht gewechselt werden.

Trans-Europ-Express

Der *Trans-Europ-Express* war ein schneller, luxuriöser Diesel-Elektro-Zug. Er war speziell für Geschäftsleute gedacht, die zwischen Großstädten in Europa hin- und herreisten. Daher gab es nur eine erste Klasse.

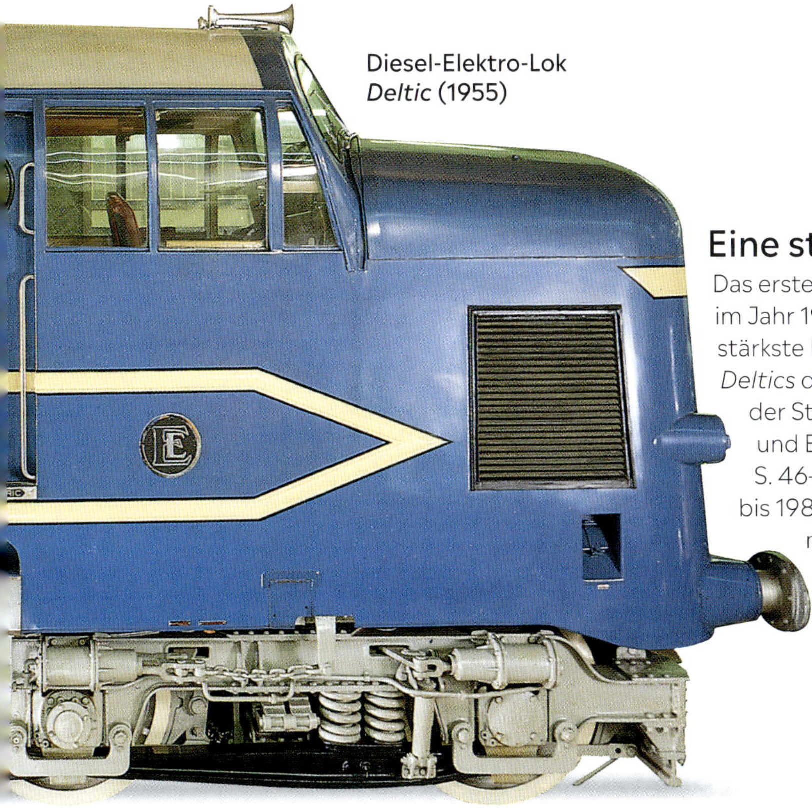

Diesel-Elektro-Lok *Deltic* (1955)

Eine starke Lok

Das erste Exemplar der Diesel-Elektro-Lok *Deltic* wurde im Jahr 1955 gebaut. Zu dem Zeitpunkt war sie die stärkste Lokomotive der Welt. 1961 ersetzten die *Deltics* die Dampflokomotiven auf der Strecke zwischen London und Edinburgh (Großbritannien, S. 46–47). Dort fuhren sie bis 1981. Jede einzelne Lok legte mehr als 4,8 Mio. km zurück.

DDR-Briefmarke mit einer Diesellok

Langstrecke **mit dem Zug**

Früher waren Fernreisen mit der Bahn oft nicht sehr angenehm und dauerten recht lange. Doch im Lauf der Zeit wurden die Züge immer bequemer. So bekamen sie Heizung, Licht, Schlaf- und Speisewagen. Heute nehmen auch viele Geschäftsleute selbst für längere Reisen den Zug. Bei Urlaubern sind Züge schon immer beliebt. Wenn man es nicht sehr eilig hat, sind Bahnreisen eine tolle Möglichkeit, um die Veränderung der Landschaft mitzuerleben.

Von Ost nach West

In Australien wurde die erste durchgehende Zugverbindung von Sydney an der Ostküste nach Perth an der Westküste 1970 in Betrieb genommen. Für die 4352 km lange Strecke braucht der Luxuszug *Indian Pacific* vier Tage.

Verpflegung

Viele Passagiere versorgten sich auf langen Reisen selbst mit Essen und Getränken. Auf dem Bild siehst du einen Korb mit Ausrüstung zum Teekochen. Auch als es ab 1879 Speisewagen gab, nahmen sich viele lieber selbst etwas mit.

Entspannt reisen

Die 1876 gegründete Firma Wagons-Lits betrieb bequeme Schlaf- und Speisewagen in ganz Europa.

RÜCKBLICK

Die Bahn verbindet

1891 schlug der russische Zar Alexander III. vor, die Transsibirische Eisenbahn zu bauen. Sie sollte die Regionen seines riesigen Reiches verbinden. Er schrieb an seinen Sohn: „Sie würde die Kommunikation erleichtern … und … Frieden und Fortschritt des Landes sichern."

Blue Train

Seit 1903 fährt auf der 1600 km langen Strecke zwischen Kapstadt und Pretoria (Südafrika) ein besonders bequemer Zug. Seit 1939 ist das der *Blue Train*, der heute zu den luxuriösesten Zügen der Welt zählt.

Transsibirische Eisenbahn

Die längste Eisenbahnstrecke der Welt läuft zwischen Moskau im Westen Russlands und Wladiwostok ganz im Osten. Für die 9288 Kilometer benötigt der Zug acht Tage.

Schlafwagen

In Europa gab es ab etwa 1870 bequeme Schlafwagen. Dieses Abteil mit zwei Betten befand sich in einem Schlafwagen der Firma Wagons-Lits. Reisende konnten darin 1936 die Strecke zwischen London (Großbritannien), Paris (Frankreich) und Brüssel (Belgien) zurücklegen. Tagsüber wurde das untere Bett in Sitze umgewandelt. Für die Überquerung des Ärmelkanals brauchten die Züge Fähren.

Eisenbahnfähre

Die Eisenbahnfähre von Dover (Großbritannien) nach Dünkirchen (Frankreich) ging 1936 in Betrieb. Seit 1995 fahren alle Personen- und Güterzüge durch den Eurotunnel unter dem Ärmelkanal.

Fahrkarte für den *Super Chief* (1938)

Für Feinschmecker

Der amerikanische Zug *Super Chief* verband Los Angeles und Chicago (USA). Das Essen an Bord war so gut, dass er als bester Fernzug der USA galt.

Königlicher **Zug**

Gladstone mit Wappen

Die schönsten Züge wurden für das britische Königshaus gebaut. 1839 fuhren Mitglieder der königlichen Familie zum ersten Mal Eisenbahn. Danach nutzten sie die Bahn immer für längere Reisen durch Großbritannien. Schließlich war ein Zug bequemer als ein Auto und bot mehr Platz. Die königlichen Abteile waren sehr elegant eingerichtet und mit neuester Technik ausgestattet. Heute sind immer noch königliche Züge unterwegs.

Königliche Loks

Lokomotiven wie die *Gladstone* (oben und unten) zogen die königlichen Züge. Sie waren mit aufwendigen Wappen verziert.

Öllampe

Auch die Stirnlampen der königlichen Loks waren oft prachtvoll. Hier die Öllampe der Lok *Gladstone*.

Königliche Bahnhöfe

Einige Bahnhöfe in Großbritannien wurden speziell für das Königshaus gebaut. Diesen Bahnhof in Gosport nutzte Königin Viktoria, wenn sie ihren Landsitz auf der Insel Wight besuchte. Vor ihrer Ankunft wurde er schön geschmückt.

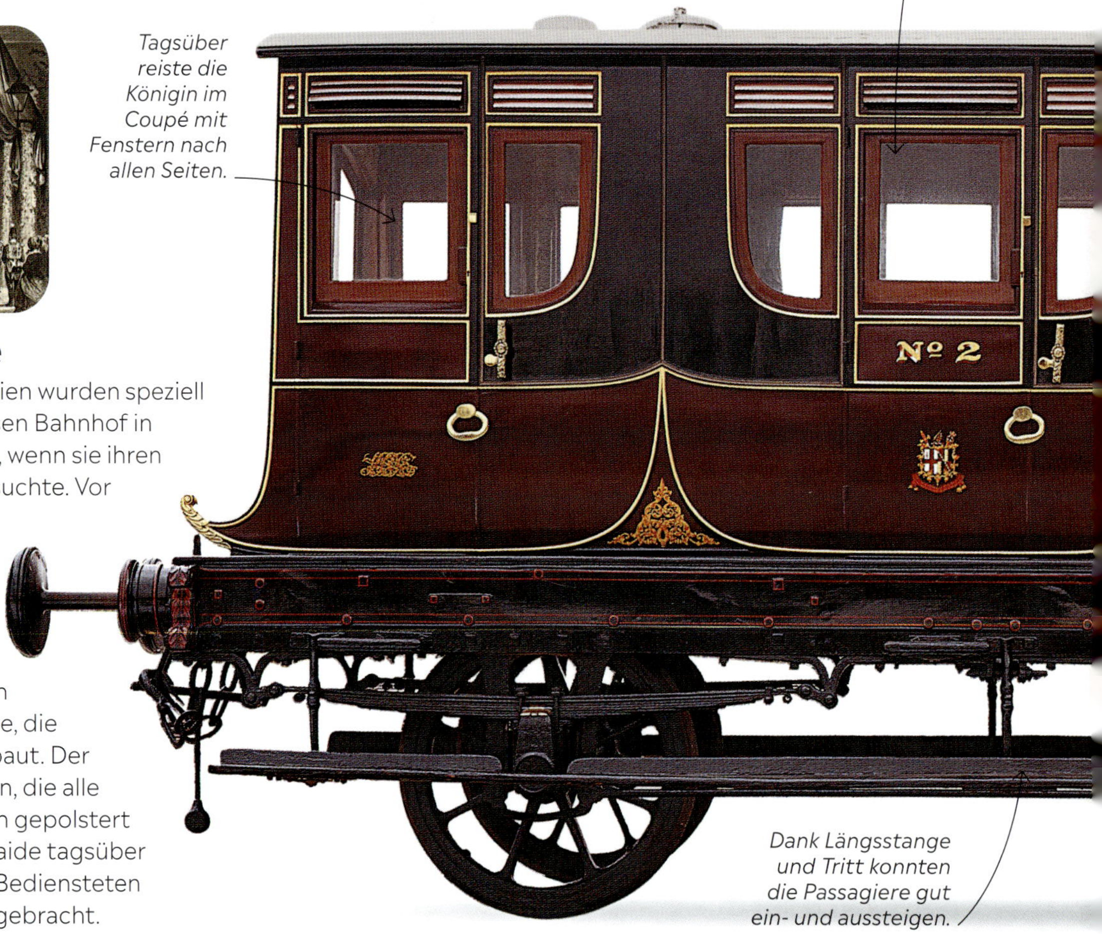

Abteil für die Bediensteten

Tagsüber reiste die Königin im Coupé mit Fenstern nach allen Seiten.

Dank Längsstange und Tritt konnten die Passagiere gut ein- und aussteigen.

Salon auf Rädern

Der erste königliche Salonwagen (rechts) wurde 1842 für Adelaide, die Mutter von Königin Viktoria, gebaut. Der Wagen bestand aus drei Abteilen, die alle vornehm eingerichtet und weich gepolstert waren. Wahrscheinlich saß Adelaide tagsüber im hinteren Abteil (Coupé). Die Bediensteten waren im mittleren Abteil untergebracht.

Der fahrende Salon

Bei der Einrichtung des Salons von Königin Viktoria spielte Geld keine Rolle. Die Verkleidung bestand aus edlem Ahornholz. Für die Polster und Vorhänge verwendete man blaue Seide, für die Decke weiße Seide. Bis 1895 gab es Öllampen, danach elektrische Lampen. Außerdem wurde eine elektrische Klingel eingebaut, um die Bediensteten zu rufen.

Edle Toilette

Königin Viktorias Toilette und Waschbereich waren mit Ahornholz und blauer Seide gestaltet.

Platz für die Füße

Nachts wechselte die Königin in das Abteil am anderen Ende des Wagens. Dort wurde aus Sitzkissen ein Bett gebildet. Die Ausbuchtung an der Außenseite bot Platz für die Füße.

Königliches Raucherabteil

Im Abteil von König Eduard VII. aus dem Jahr 1902 gab es Ventilatoren, Heizung und Zigarrenanzünder.

Elegantes Schlafzimmer

Mit den Klingeln über ihrem Bett konnte Königin Alexandra nachts ihre Diener herbeirufen.

Ein Waggon für die Königin

Im Waggon für Königin Mary gab es einen Salon, einen Ankleideraum, ein Bad und ein Schlafzimmer.

Immer schneller

Seit den Anfängen im Dampfzeitalter wurden die Züge immer schneller. Ständig stellten sie neue Geschwindigkeitsrekorde auf. In Großbritannien und den USA galt es lange als Ziel, 160 km/h zu erreichen. Das schaffte eine amerikanische Lok 1893 mit einer Geschwindigkeit von angeblich 181 km/h. Ein britischer Zug soll 1904 mit 164 km/h gefahren sein. Ob die Züge wirklich so schnell unterwegs waren, ist nicht sicher.

Rekordhalter

Die ersten Dampflokomotiven, die auf ihrer Fahrt immer 161 km/h erreichten, waren 1935 die *Hiawatha*-Loks. Sie fuhren zwischen Chicago und Minneapolis/St. Paul (USA). Der Weltrekord für die schnellste reguläre Dampfzugfahrt zwischen zwei Bahnhöfen besteht heute noch.

Dampfzug *Hiawatha*

Die Beste

Die Messingplakette am Kessel der Dampflok *Mallard* feiert einen Geschwindigkeitsweltrekord. Die Lok stellte ihn am 3. Juli 1938 auf.

Blitzschnell

Im Jahr 1964 wurde in Japan der elektrische Zug *Shinkansen* vorgestellt. Dieser Hochgeschwindigkeitszug verband die Großstädte Tokio und Osaka. Er war der erste, der nur für den Personenverkehr zwischen Städten gedacht war.

Zeitersparnis

Im Jahr 1985 erreichte der erste Hochgeschwindigkeitszug Großbritanniens 232 km/h. Das war ein Rekord für eine Diesellokomotive. Sie machte das Reisen noch schneller.

Der Schnellste

Der TGV ist ein elektrischer Hochgeschwindigkeitszug aus Frankreich. Er fuhr 1981 erstmals zwischen Paris und Lyon. Diese Züge sind auf speziellen Gleisen unterwegs und erreichen bis zu 320 km/h. 2007 stellte ein speziell dafür gebauter TGV zwischen Paris und Straßburg einen Weltrekord auf: 574,8 km/h.

Schnellste Dampflok

Die Dampflokomotive *Mallard* wurde vom britischen Ingenieur Sir Nigel Gresley entworfen. Im Juli 1938 fuhr diese Lok auf der Hauptstrecke zwischen London und Edinburgh (Großbritannien) 203 km/h schnell. Das war Weltrekord für eine Dampflok. Der Rekord gilt heute noch.

Mallard wurde 1938 im Auftrag der London North Eastern Railway gebaut.

Am Bahnhof

Die allerersten Bahnhöfe waren einfache Häuschen aus Holz neben den Gleisen. Auch heute noch sind Bahnhöfe auf dem Land oft sehr einfache, kleine Gebäude. Manchmal gibt es nur einen Fahrkartenschalter und einen Wartebereich. In Großstädten sind Bahnhöfe belebte Zentren mit vielen Geschäften, Cafés, Toiletten und Parkplätzen. Oft gehört der Bahnhof zu den größten und auffälligsten Gebäuden einer Stadt. Es gibt welche, die in einem klassischen Stil gebaut wurden, aber auch ganz moderne.

In Bahnhöfen gibt es oft große Uhren.

Auf dem Land

Einfache Bahnhöfe auf dem Land hatten oft keinen richtigen Bahnsteig. Dann stiegen Reisende über Stufen an den Waggons ein und aus.

Pünktlichkeit

Da Züge pünktlich sein sollen, gab es an den Bahnhöfen große Uhren. Das Bahnpersonal hatte Taschenuhren bei sich.

Taschenuhr aus dem späten 19. Jh.

Handglocke

Bevor es elektrische Glocken gab, wurde die Ankunft eines Zuges mit einer Handglocke angekündigt.

Anfangsbuchstaben der London, Chatham und Dover Railway

Zeitzonen

Wenn ein Zug früher in einem riesigen Land wie den USA große Strecken zurücklegte, gab es Probleme mit der Zeitbestimmung. Daher teilte man solche Länder in Zeitzonen ein. Sobald ein Zug eine neue Zeitzone erreichte, passten sich die Uhren automatisch an.

Waterloo-Bahnhof

Auf großen Bahnhöfen wie diesem in London (Großbritannien) können viele Reisende schnell ein- und aussteigen. Das ist in Stoßzeiten wichtig.

Die Fahrkarten bitte!

Wer eine Zugfahrt bezahlt hat, bekommt eine Fahrkarte. Früher kennzeichnete der Schaffner das Ticket mit einer Zange, sodass es nicht noch einmal benutzt werden konnte. Heute haben digitale Tickets einen QR- oder Strichcode .

Fahrkarten aus Japan

QR-Code

Fahrkarte auf dem Handy

Fahrkarte nach Basra (Irak)

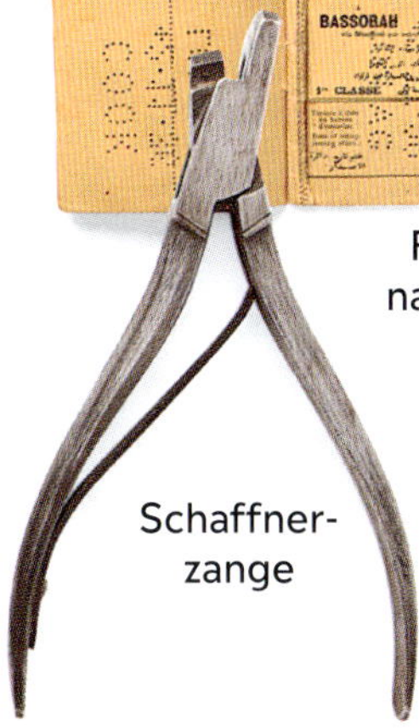

Schaffnerzange

Lieferfahrzeug

Zwischen 1920 und 1940 brachte die Bahn Güter mit eigenen Fahrzeugen zu den Bahnhöfen und von dort weg. Für kleine Pakete nutzte man Fahrräder mit einem Korb.

Metallpfeife

Filmgeschichte

In vielen Filmen gibt es Szenen mit Dampfzügen oder Bahnhöfen. Der Film *Begegnung* (1945) etwa erzählt von einer zufälligen Begegnung auf einem Bahnhof nach dem Zweiten Weltkrieg.

Sehenswürdigkeit

Bahnhöfe sind oft sehr schön. Der Gare de Lyon zählt zu den Sehenswürdigkeiten von Paris (Frankreich).

Pfeifsignal

Das Bahnhofspersonal benutzte Pfeifen aus Holz oder Metall, um Lokführern mitzuteilen, dass der Zug losfahren konnte.

Pfeife mit Uniformknopf

Riesiger Bahnhof

Der Grand Central Terminal in New York (USA) ist der größte Bahnhof der Welt. Auf Tafeln in der riesigen Haupthalle ist zu sehen, wo und wann die Züge ankommen und abfahren.

Eisenbahn **in Betrieb**

Abzeichen eines Gepäckträgers aus England

Es braucht viele Menschen, damit das Bahnfahren funktioniert. Die Eisenbahngesellschaft legt fest, welche Züge wie oft und wie schnell fahren und wie viele Wagen benötigt werden. Für die Umsetzung sind dann unterschiedliche Abteilungen zuständig. Manche kümmern sich um die Züge, andere um die Gleise oder Bahnhöfe. Damit alle nötigen Arbeiten ausgeführt werden, sind noch viel mehr verschiedene Fachkräfte nötig.

Wie geschmiert

Dampflokführer mussten selbst prüfen, ob ihre Züge fahrbereit waren.

Abzeichen eines Bahnarbeiters aus China

Nur so läuft es

Bei der Bahn gibt es viele verschiedene Aufgaben zu erledigen. Und dafür braucht es jede Menge Menschen, die dort arbeiten.

Helm der Eisenbahn-Feuerwehr

Sicherheit geht vor

Bei der Bahn gab es eine eigene Feuerwehr, die sich mit typischen Gefahren gut auskannte. Sie hatte eine spezielle Ausrüstung und Uniformen.

Nützliche Helfer

Früher waren Bahnhofshotels oft im Besitz von Eisenbahngesellschaften. Angestellte der Hotels halfen den Reisenden mit ihrem Gepäck.

Bahnhofsvorsteher

Der Bahnhofsvorsteher kümmerte sich darum, dass es am Bahnhof keine Probleme gab. Und er sorgte dafür, dass Züge pünktlich abfuhren.

Der Bau von Gleisen

Um Gleise zu legen und zu erneuern, braucht es viele Arbeitskräfte. Ein Wachposten warnt die Arbeiter mit einem Signal, wenn ein Zug kommt.

Wichtig

Heute funktionieren Signalanlagen automatisch. Sie sind so eingestellt, dass sie bei einer Störung auf Rot springen und die Züge halten. Dann kommt der Signaltechniker, um die Störung zu beheben.

Nachschub

Fernzüge wurden an Bahnhöfen mit ausreichend Wasser und Lebensmitteln für die Fahrt bis zur nächsten Versorgungsstation ausgestattet. Mit diesem Wagen füllte man den Tank des Speisewagens mit frischem Trinkwasser auf. Die Tanks für die Toiletten wurden über Schläuche mit Brauchwasser befüllt.

Der Schlauch kommt in den Wassertank des Speisewagens.

Wenn das Rad gedreht wird, fließt Wasser durch den Schlauch.

Der Wagen wird auf den Bahnsteig gerollt.

Ölkanne (um 1890)

Zum Nachfüllen

Mit einer Ölkanne wurden die Öllampen aufgefüllt. Durch den breiten Boden konnte sie nicht umfallen.

Dicker Docht

Öllampe (um 1900)

Licht

Bevor es elektrisches Licht gab, kamen Öllampen zum Einsatz. Das Öl in der Lampe tränkte einen Docht. Brannte der, gab es ein helles Licht. Die Lampe wurde beim Rangieren und bei der Kontrolle von Dampfloks verwendet.

Museums**züge**

Heute haben Dampflokomotiven eigentlich ausgedient. Sie wurden durch Diesel- und elektrische Züge ersetzt, die sauberer, stärker und schneller sind. Manche Eisenbahnfreunde finden Dampfloks aber trotzdem toll. Daher fahren moderne Dampfloks in manchen Ländern wie der Schweiz noch auf touristischen Strecken. Bahngesellschaften und Verkehrsmuseen auf der ganzen Welt haben Hunderte solche Loks aufbewahrt. Einige wurden mit viel Liebe restauriert und sind fahrbereit. Sie sind als Museumsbahnen auf besonderen Strecken unterwegs. Oder sie bringen Reisende auf Nebenstrecken durch wunderschöne Landschaften.

Schmalspurloks

In Indien wurden Dampfzüge bis zum Ende des 20. Jh. eingesetzt. Schmalspurloks wie diese wurden aus Japan, Frankreich und Deutschland nach Indien verkauft.

1958 gab es in Großbritannien noch 16 000 Dampflokomotiven, Ende 1968 keine mehr.

Museumsstück

Die letzte Dampflok, die die britische Eisenbahngesellschaft bauen ließ, hieß *Evening Star*. Sie ging 1960 in Betrieb. Eigentlich für Güterzüge gedacht, zog sie bis 1966 auch Personenzüge. Sie steht im Eisenbahnmuseum in York (Großbritannien).

Neue Lokomotiven

2008 stellte Großbritannien zum ersten Mal seit 1960 wieder eine Dampflok für Fernzüge fertig: die *Tornado*. Seitdem ist sie im ganzen Land unterwegs und erreichte 2017 eine Geschwindigkeit von 161 km/h.

Züge für Touristen

Dampfzüge sind heute oft als Touristenattraktion unterwegs. Die erste solche Museumsbahn war die *Talyllyn Railway* in Großbritannien. Sie wird seit 1951 von freiwilligen Helfern betrieben. Auf der ganzen Welt werden auch alte Dampfloks nachgebaut, um Touristen zu befördern.

Erst Ende der 1980er-Jahre hat China den Bau neuer Dampfloks eingestellt.

Lang in Betrieb

Im Jahr 1990 gab es in China 7000 Dampf-, 4700 Diesel- und 1200 elektrische Lokomotiven. Doch seit 2003 ist keine einzige Dampflok mehr unterwegs.

Restaurierte Lok der Fort Worth & Western Railroad

Gute alte Dampflok

Die USA haben ihre Dampfloks schnell durch elektrische und Dieselloks ersetzt. Viele von den alten Loks wurden aber restauriert und sind heute wieder im Einsatz. Eisenbahnfreunde können auf besonderen Strecken mit ihnen fahren oder sie in Museen bewundern.

Alt, aber unverwüstlich

Obwohl in Indien und Pakistan keine Dampfloks mehr in Betrieb sind, gibt es auch dort einige touristische Dampfzüge. Lokomotiven wie diese alte britische Tenderlok ziehen Eisenbahnfreunde aus der ganzen Welt an.

Wappen & Schilder

Im 19. Jahrhundert wurden im Bereich der Eisenbahn aufwendige Verzierungen Mode. Mit bunten Schildern machten Eisenbahngesellschaften Werbung für ihr Angebot. An Tunneleingängen sollten Schilder Reisende beruhigen. Da die Konkurrenz zwischen den Gesellschaften immer größer wurde, schmückte jede ihre Bahnanlagen deutlich mit ihrem Namen. Riesige Tafeln aus Gusseisen wurden an Eisenbahnbrücken gehängt. Und sogar Nägel trugen die Anfangsbuchstaben der Gesellschaften.

Wappen
Dieses Wappen der Midland Railway (Großbritannien) zeigt einen Drachen und die Wappen der Städte entlang der Strecke.

TGV-Schild
Viele französische TGV-Züge sind nach Städten benannt, die sie anfahren.

Erkennungszeichen
Auf diesem Schild stand der Name des Zuges. Es war am Schornstein der Lokomotive angebracht.

Fabrikschild aus den USA

Fahrzeugnummer
Auf dem Fabrikschild steht nicht nur die Fahrzeugnummer. Oft sind auch das Baujahr und Name und Sitz des Herstellers vermerkt. Dieses trägt sogar den Namen des Direktors.

Wappen mit Löwen
In den 1950er-Jahren war auf Zügen der britischen Eisenbahngesellschaft dieses Wappen zu sehen.

Sonderzüge
Lokomotiven von Sonderzügen bekamen oft ein Schild, das speziell für diesen Anlass gemacht wurde.

Namensschild der Southern Railway (Großbritannien)

Berühmte Namen
Lokomotiven wurden oft nach berühmten Menschen, dem Direktor der Eisenbahngesellschaft oder einem Ort an der Strecke benannt.

Namensschild der London North Eastern Railway (Großbritannien)

Messingschild

Dieses Namensschild verweist auf Neuseelands Verbindung zum britischen Commonwealth.

Historischer Name

Knight of the Golden Fleece (Ritter vom Goldenen Vlies) hieß eine britische Lok der Great Western Railway.

Die Krone verriet, dass dieser Zug in Kanada mit königlicher Genehmigung unterwegs war.

Auf dem Schild am Kopfteil stand die Strecke.

Gold Coast Railway

Im Wappen der Gold Coast Railway war ein Elefant zu sehen. Ein vertrauter Anblick in dem Land, das heute Ghana heißt.

Fahrzeugschild

Dieses Messingschild stammt von einer Lokomotive der kanadischen Dominion Atlantic Railway aus dem Jahr 1902.

Viele Schilder

Auf Schildern am Kopfteil der Lok standen Fahrzeugnummer und Strecke. Das Wappen der Bahngesellschaft war an der Lok und den Waggons angebracht.

Gute Werbung

Viele Loks wurden nach Städten benannt, die auf ihrer Strecke lagen. Das zeigt auch dieses Schild der London, Midland and Scottish Railway (Großbritannien).

Schottische Fahne

Englische Fahne

The Caledonian

Das Kopfteil der *Caledonian* schmücken die englische und schottische Fahne.

Beliebte Tiere

Bis 1976 war der schwarze Schwan das Symbol der Western Australian Government Railways (Australien).

Reisen **unter der Erde**

Luxus für alle
1933 wurde in Moskau (Russland) die erste U-Bahn eröffnet. Sie ist berühmt wegen ihrer prachtvollen Bahnhöfe.

Dank der Eisenbahnen kamen immer mehr Menschen in die Städte. Das führte dazu, dass die Straßen sehr voll waren. Daher baute London (Großbritannien) als erste Stadt eine U-Bahn, die 1863 eröffnet wurde. Für den Tunnel hob man einen Graben aus und bildete dann eine Decke darüber. Auch wenn die Luft im Tunnel unangenehm rauchig war, kam man doch schneller ans Ziel als auf der Straße. Später baute man tiefere U-Bahn-Tunnel und es gab elektrische Züge, Aufzüge und Rolltreppen. Mit der Zeit hatten auch andere Großstädte auf der ganzen Welt ihre eigene U-Bahn.

Am Anfang
Dieses Bild der ersten U-Bahn zeigt einen breiten Tunnel, der von Tageslicht beleuchtet wird. Die Wirklichkeit sah anders aus: Die Luft im Tunnel war schlecht und eine Fahrt mit der U-Bahn kein Vergnügen.

Platz für viele
Die U-Bahn-Wagen haben automatische Schiebetüren. Die Sitze und Gänge bieten Platz für viele Fahrgäste, die sitzen oder stehen können.

Londoner Tenderlok
Diese Dampflok wurde 1866 im Auftrag der Metropolitan Railway für die U-Bahn in London gebaut. Um die Luft in den Tunneln zu verbessern, wurde sie mit einem speziellen Ventil ausgestattet. Rauch und Dampf wurden direkt in Wassertanks geleitet. Leider wurde die Lok dadurch langsamer. Um Zeit zu sparen, nutzten manche Lokführer das Ventil nicht immer. Daher waren Fahrten in Stoßzeiten oft unangenehm.

Der U-Bahn-Mann

Der Ingenieur E. Sreedharan leitete 16 Jahre lang den Bau der U-Bahn in Delhi (Indien). Von 1995 bis zu seinem Ruhestand 2011 war er der Chef dieses riesigen Projekts. Er sagte dazu: „Ich habe mich einfach geweigert, aufzugeben.“ Und so brachte er das Ganze erfolgreich zu Ende.

Abzeichen der Londoner U-Bahn aus den frühen 1930er-Jahren

Uniformabzeichen

Bahnmitarbeiter erkannte man leicht an ihren Abzeichen an der Uniform.

Pariser Metro

In Paris (Frankreich) fuhr 1900 die erste U-Bahn. Sie wird Metro genannt. Die Stationen liegen dicht beieinander und sind leicht an Metro-Schildern zu erkennen. So ist jeder Ort im Stadtzentrum von den Bahnhöfen aus bequem zu Fuß zu erreichen.

Streckenplan

U-Bahn-Pläne orientieren sich oft an Straßen und Plätzen. Auch diese Karte des Münchner U-Bahn-Netzes (rechts) folgt der Geografie der Stadt. Oft wird der Streckenverlauf aber auch abstrakt dargestellt.

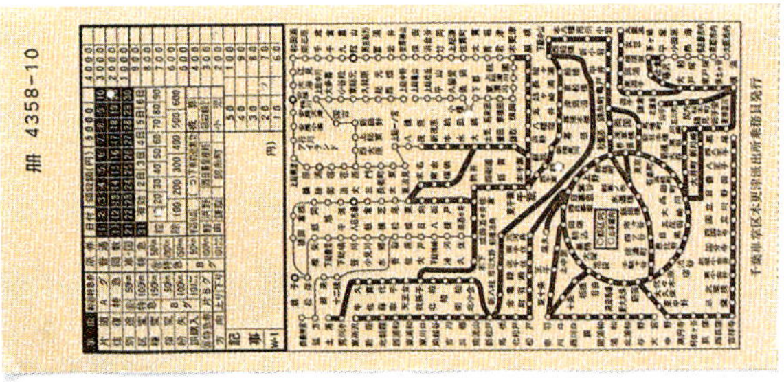

Wohin geht's?

Die U-Bahn in Tokio (Japan) wurde 1927 eröffnet. Sie wird von Millionen Menschen genutzt. Auf der Fahrkarte ist der Streckenplan abgebildet.

Fahrerlose Züge

Die U-Bahn der Stadt Washington D. C. (USA; oben) ist eine hochmoderne Schnellbahn. Solche Bahnen brauchen keinen Fahrer. Seit einigen Jahren gibt es in vielen Städten, darunter auch in Nürnberg, U-Bahn-Züge ohne Fahrer.

Die Hochbahn von New York

Als die Straßen in den Städten immer voller wurden, beschloss man, Hochbahnen zu bauen. Das war billiger als die Errichtung einer U-Bahn. Diese Hochbahn fuhr in den 1880er-Jahren in New York (USA).

In der **Luft**

Manche Eisenbahnen fahren hoch über dem Boden. Es gibt zwei Arten von Hochbahnen: Hängt der Zug an einer oder mehreren Schienen, die über ihm befestigt sind, handelt es sich um eine Schwebebahn. Fährt der Zug über eine einzelne Schiene, heißt er Einschienenbahn oder Monorail. Bei den Schwebebahnen passen die Räder genau auf die Schienen, damit sie nicht herunterfallen. Hochbahnen sind im Vergleich günstiger zu bauen. Sie bieten eine gute Aussicht und es gibt keine Berührung mit dem Straßenverkehr.

Standseilbahn

Mit Standseilbahnen wurden früher Lasten auf steile Berge und in Täler transportiert. Sie hatten ursprünglich zwei Spuren: Auf der einen fuhr der volle Wagen nach unten und zog dabei den leeren Wagen auf der anderen Spur nach oben. Heute sind die meisten Standseilbahnen elektrisch betrieben und befördern Personen. Die Standseilbahn in Montmartre in Paris (Frankreich) fährt seit 1900.

Über dem Boden

Einschienenbahnen wie diese aus dem britischen Fahrzeugmuseum werden oft genutzt, um Besucher durch Ausstellungen zu transportieren. Da solche Bahnen hoch in der Luft fahren, können darunter problemlos viele Menschen zu Fuß unterwegs sein.

Wuppertal

Die erste öffentliche Schwebebahn wurde 1901 in Wuppertal eröffnet. Sie fährt heute noch. Die Strecke ist 12,9 km lang und führt die meiste Zeit über den Fluss Wupper.

Riesige Stelzen aus Stahl tragen die Hochbahn.

RÜCKBLICK

Eugen Langen

Der deutsche Ingenieur Eugen Langen (1833–1895) entwarf eine elektrische Hochbahn und nannte sie „einschienige Hängebahn“. Seine Erfindung wurde dann von der Stadt Wuppertal in Nordrhein-westfalen ausgewählt und für den Bau der dortigen Schwebebahn genutzt.

Propellerschienenbahn

Diese Mischung aus Hochbahn und Flugzeug wurde in den 1920er-Jahren von George Bennie entworfen. Dabei wird der Zug wie ein Flugzeug von einem Propeller angetrieben. Nach Testfahrten in der Nähe von Glasgow (Großbritannien) meldeten sich Interessenten aus aller Welt. Dennoch kam die Bahn nie wirklich zum Einsatz.

Ausflugsfahrt

Moderne Einschienenbahnen werden oft in Freizeitparks genutzt. Aus diesen offenen Wagen heraus können Besucher in einem niederländischen Zoo die Tiere beobachten und fotografieren.

Einschienenbahn auf der Expo 88 in Brisbane (Australien)

Einschienenbahn

Einschienenbahnen fahren meist auf einer Schiene, die auf Stelzen liegt. Der Zug „klammert“ sich mithilfe von Rollen an die Schiene. So bleibt er im Gleichgewicht. Ihren Strom holen sich die elektrischen Bahnen von Stromleitern seitlich der Schiene.

Bremswagen Güterwagen Kesselwagen Zementwagen

Spielzeug**züge**

Kaum war die Eisenbahn erfunden, wurde sie schon in kleinerem Maßstab nachgebaut. So gab es einfache Züge, mit denen Kinder auf dem Boden spielten. Es wurden aber auch komplizierte Modelleisenbahnen entwickelt. Die ersten Spielzeugzüge waren nur Metallplatten. Dann folgten Holzzüge mit Rädern, die sich drehten. Nach den Holzzügen kamen Metallzüge mit Schienen. Am Anfang wurden sie von einem Federwerk angetrieben, später mit Strom. Mit der Zeit wurden immer mehr Modelle von Originalzügen gebaut. Sie werden gern gesammelt.

Miniaturzüge

Seit dem 19. Jh. werden Miniatureisenbahnen gebaut. Sie dienen nur dem Vergnügen. Gerade Dampfzüge sind sehr beliebt.

Nach dem Ausschneiden werden die Teile zu Zügen zusammengesetzt.

Zum Basteln

Zugmodelle aus Pappe waren eine günstige Möglichkeit, um berühmte Lokomotiven nachzubauen und zu sammeln.

Wie das Vorbild

Dieses Modell einer britischen Güterzuglok stammt aus dem Jahr 1846. Wie die Originallok hat auch das Modell Öllampen, Hebel und Pfeifen.

Spielzeugzug (um 1930)

Züge aus Weißblech

Spielzeugeisenbahnen aus Blech hielten sehr lange. Sie wurden angetrieben von einem Federwerk. Es gab Gleise, Weichen, Tunnel und vieles mehr dazu.

Beliebte Figur

Zeichnungen und Fotos von Zügen werden häufig für Puzzles verwendet. Dieses Puzzle zeigt Thomas, die kleine Lokomotive. Die blaue Tenderlok ist die Hauptfigur einer beliebten englischen Kinderbuchreihe, die später auch verfilmt wurde.

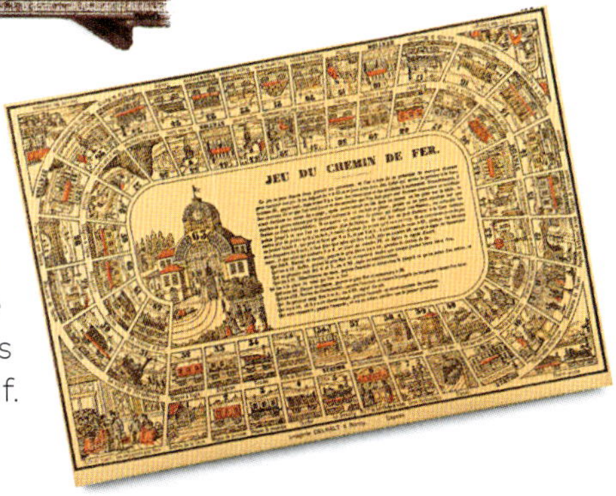

Brettspiele

Eisenbahnen begegnen wir im täglichen Leben häufig. Sie tauchten sogar in Brettspielen wie diesem französischen aus den 1870er-Jahren auf.

Wie echt

Oft werden berühmte Lokomotiven nachgebaut. Das Bild zeigt ein detailgenaues Modell einer Güterzug-Dampflok. Das Original wurde in den 1940er-Jahren in den USA gebaut.

Genau nachgebaut

Maßstabsgetreue Modelle von Originalloks werden meistens von Fachleuten hergestellt, deren Hobby das ist. Dies ist der Nachbau der Schnellzuglok *Lady of Lynn*, die 1908 in Großbritannien fuhr.

Ein tolles Geschenk

Nicht nur Kinder finden Züge spannend, auch Erwachsene. Das gilt für einfaches Spielzeug genauso wie für Modelleisenbahnen. Zugsets waren schon immer ein beliebtes Geschenk für Kinder. Und diese Sets lassen sich oft mit Bahnhöfen, Brücken, Tunneln und Signalen erweitern.

In die **Zukunft**

Es werden ständig weitere Züge und Schienen entwickelt. Dabei werden neue Materialien ausprobiert und Energiequellen genutzt, die besser für die Umwelt sind. In einigen Städten gibt es fahrerlose Schnellbahnen, die mit Gummireifen auf Betonschienen unterwegs sind. Einige Länder haben schnellere Züge gebaut, die auf bestehenden Strecken fahren können. Aber es werden auch neue Strecken geplant. Da Züge weniger Schadstoffe ausstoßen als der Straßenverkehr, sind sie das Verkehrsmittel der Zukunft.

Züge ohne Fahrer

2008 nahm der erste vollautomatisierte Zug Deutschlands seinen Betrieb auf. Die zwei Linien der Nürnberger U-Bahn U2 und U3 werden nur von einem Computer gesteuert.

Magnetschwebebahn

Eine Magnetschwebebahn wie der deutsche *Transrapid* fährt nicht auf Rädern. Sie schwebt bis zu 1,5 cm über einer Metallschiene und wird von Magneten gezogen. So eine Bahn hat viele Vorteile. Sie hat keine beweglichen Teile, die sich abnutzen. Sie muss kaum gewartet werden und ist sehr leise.

Magnetschwebebahn am Flughafen Pudong in Schanghai (China)

Schräglage

Der Neigezug *Pendolino* stammt aus Italien. Der Hochgeschwindigkeitszug kann auf bestehenden Strecken fahren. Wenn der Zug eine Kurve erkennt, neigt er sich mithilfe von Druck. So muss er nicht abbremsen und das Fahrgefühl für die Reisenden ist viel angenehmer.

Ein *Pendolino*-Zug legt sich auf einer Strecke in Großbritannien in die Kurve.

Gescheiterter Versuch

1941 wurde in der Schweiz die erste Lokomotive mit einem Gasmotor gebaut. Dieses Bild zeigt einen kanadischen Zug mit einem Gasmotor. Leider waren diese Züge sehr unzuverlässig. Deshalb nahm man sie in den 1980er-Jahren aus dem Betrieb.

Grüne Züge

Wegen der Klimakrise suchen Hersteller nach Motoren für ihre Züge, die besser sind für die Umwelt, vor allem für die schweren Güterzüge. 2019 fuhr in Großbritannien zum ersten Mal ein Zug mit Wasserstoff. Dieser *HydroFlex* stößt kein Kohlendioxid (CO_2) aus.

Wasserstoffzug

Der Coradia iLint ist der weltweit erste Personenzug, der mit einer Wasserstoff-Brennstoffzelle betrieben wird. Die Zelle erzeugt Strom aus Wasserstoff und die Energie wird in Batterien gespeichert. Angetrieben wird der Zug von Elektromotoren und es werden lediglich Wasserdampf und Kondenswasser an die Umwelt abgegeben. In Norddeutschland sind diese Züge seit 2018 im Regionalbahnbetrieb unterwegs.

Superzug

1994 wurde der 50,4 km lange Eurotunnel eröffnet. Er führt unter dem Ärmelkanal durch und verbindet Calais in Frankreich und Folkestone in Großbritannien. Die *Eurostars* fahren jetzt in gut zwei Stunden von London (Großbritannien) nach Paris (Frankreich) und in weniger als zwei Stunden von London nach Brüssel (Belgien).

Besondere Zugreisen

Auf der Erde gibt es mehr als 1,3 Millionen Kilometer Gleise. Jedes Jahr legen alle Menschen zusammen mehr als 2200 Milliarden Kilometer mit Zügen wie dem ICE in Deutschland zurück. Ein ganz besonderes Erlebnis ist die steilste Bahnfahrt der Welt auf den Berg Teufelsnase in Ecuador.

The Canadian (Kanada)

Seine Strecke von Vancouver nach Toronto ist 4466 km lang. Sie läuft durch die Wildnis der Rocky Mountains, die Prärien und die Seenlandschaft von Ontario.

California Zephyr (USA)

Auf der 3924 km langen Fahrt mit dem *California Zephyr* von San Francisco nach Chicago bieten sich großartige Ausblicke auf die Berge der Sierra Nevada und das obere Tal des Colorado-Flusses.

Ferrocarril Chihuahua Pacífico (Mexiko)

Die 650 km lange Strecke verläuft von Los Mochis an der Pazifikküste nach Chihuahua durch eine atemberaubende Landschaft.

Von Cusco nach Machu Picchu (Peru)

Diese Strecke ist 112 km lang und führt zu den alten Inka-Ruinen von Machu Picchu. Sie bietet tolle Aussichten auf die Schlucht des Urubamba-Flusses.

Glacier Express (Schweiz)

Der Zug wird der langsamste Schnellzug der Welt genannt. Auf der 291 km langen Fahrt von Zermatt nach St. Moritz überwindet er 291 Brücken und 91 Tunnel.

Transsibirische Eisenbahn (Russland)

Mit einer Länge von 9288 km ist dies die längste Eisenbahnstrecke der Welt. Sie führt von Moskau im Westen nach Wladiwostok im Osten und durchquert dabei sieben Zeitzonen.

Qingzang-Bahn (China)

Die Strecke von Lhasa in Tibet nach Xining in der Provinz Qinghai ist 1956 km lang. Dabei überqueren die Züge den höchsten Streckenabschnitt der Welt, den Tanggula-Pass auf 5072 m.

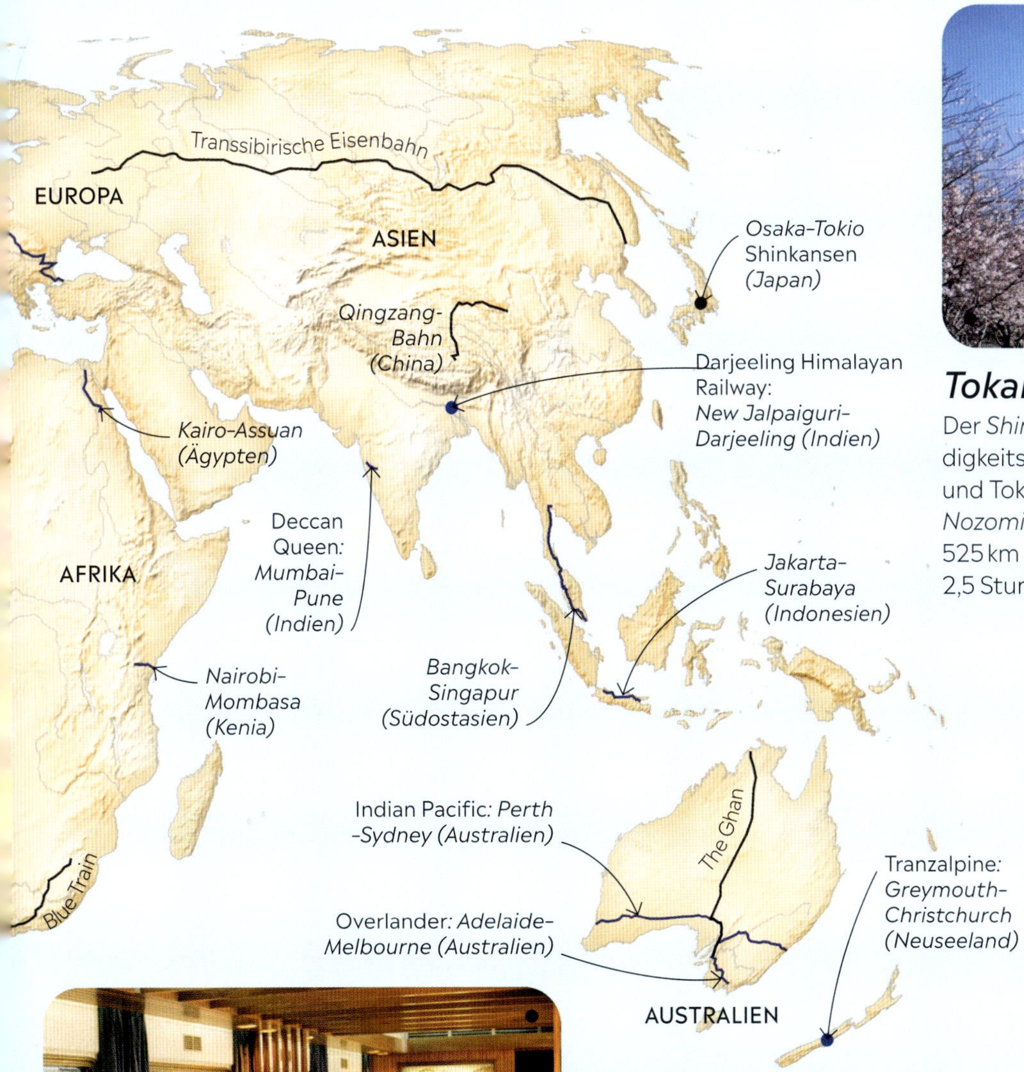

Tokaido-Shinkansen (Japan)

Der *Shinkansen* war der erste Hochgeschwindigkeitszug der Welt. Er fuhr zwischen Osaka und Tokio. Heute sind hier die hochmodernen *Nozomi*-Züge unterwegs. Sie schaffen die 525 km lange Strecke am Berg Fuji vorbei in nur 2,5 Stunden. Dabei erreichen sie rund 300 km/h.

The Ghan (Australien)

Der Name stammt von den afghanischen Karawanen, die diese Strecke nutzten. Für die 2979 km von Adelaide nach Darwin braucht der Zug 48 Stunden.

Blue Train (Südafrika)

Der Luxuszug fährt 1600 km von Kapstadt nach Pretoria. Unterwegs kann man sogar in einer Badewanne baden.

Chronik

Etwa 200 Jahre ist es her, dass die Eisenbahn die Welt veränderte. Mit ihr gab es neue Möglichkeiten, zu reisen und Handel zu treiben. Menschen und Güter konnten schneller und weiter transportiert werden als je zuvor. Hier findest du einige interessante Fakten aus der Geschichte der Eisenbahn.

1604 Bei Nottingham (Großbritannien) entsteht eine Bahnstrecke, auf der Pferde Kohlewagen über Holzschienen ziehen.

1767 In Shropshire (Großbritannien) werden die ersten Eisenschienen für Kohlewaggons hergestellt.

1769 Nicolas Cugnot baut einen Dampfwagen und stellt ihn in Paris (Frankreich) vor. Es ist das erste Fahrzeug mit eigenem Antrieb.

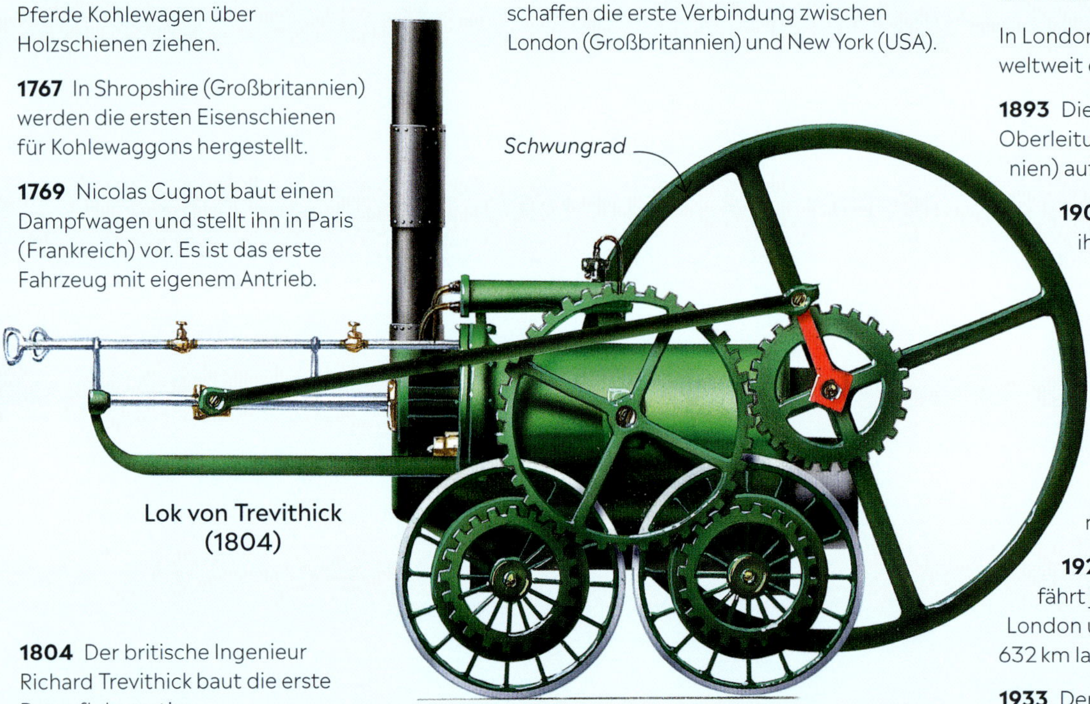

Lok von Trevithick (1804)

1804 Der britische Ingenieur Richard Trevithick baut die erste Dampflokomotive.

1812 Als erste Eisenbahngesellschaft nutzt die Middleton Railway in Leeds (Großbritannien) Dampfloks für den Kohletransport.

1825 Die Stockton and Darlington Railway aus Großbritannien setzt erstmals für den öffentlichen Güterverkehr Dampfloks ein.

1829 Die *Rocket* von George und Robert Stephenson gewinnt das Rennen von Rainhill bei Liverpool (Großbritannien).

1830 Die Liverpool & Manchester Railway eröffnet die erste regelmäßige Bahnverbindung für den Personenverkehr.

1835 Die erste deutsche Eisenbahnverbindung wird zwischen Nürnberg und Fürth eröffnet. Die Dampflok *Adler* fuhr die zunächst 6 km lange Strecke. 5 Jahre später waren bereits 500 km Schienen verlegt.

1843 Das Dampfschiff *Great Britain* und die Schnellzüge der Great Western Railway schaffen die erste Verbindung zwischen London (Großbritannien) und New York (USA).

1853 In Indien wird die erste Eisenbahn in Betrieb genommen. Sie verbindet die Städte Bombay (heute Mumbai) und Thane.

1854 In Österreich verkehrt mit der Semmeringbahn die erste Gebirgsbahn der Welt.

1856 Im Südosten der USA entsteht die erste Eisenbahnbrücke über den Mississippi-Fluss.

1860 Der *Flying Scotsman* nimmt den Betrieb zwischen London und Edinburgh (Großbritannien) auf.

1863 In London (Großbritannien) wird die erste dampfgetriebene U-Bahn der Welt eröffnet.

1869 In den USA führt erstmals eine Eisenbahnstrecke durch das gesamte Land von Küste zu Küste, also von Ost nach West.

1871 Der Grand Central Terminal in New York (USA) wird eröffnet. Er ist der größte Bahnhof der Welt.

1881 In Deutschland geht die erste elektrische Straßenbahn in Berlin-Lichterfelde in Betrieb.

1890 In der Schweiz wird der Gotthardtunnel zunächst für den Güterverkehr und die Postbeförderung freigegeben.

In London (Großbritannien) gibt es die weltweit erste elektrische U-Bahn.

1893 Die erste Eisenbahn mit elektrischer Oberleitung geht in Liverpool (Großbritannien) auf die Strecke.

1902 Die Berliner U-Bahn nimmt ihren Betrieb auf.

1904 Die Transsibirische Eisenbahn von Moskau nach Wladiwostok (Russland) wird eröffnet.

1904 In New York (USA) fährt die erste U-Bahn.

1913 In Schweden gibt es den ersten öffentlichen Zugverkehr mit Dieselloks.

1928 Der britische *Flying Scotsman* fährt jetzt ohne Zwischenstopps zwischen London und Edinburgh. Er braucht für die 632 km lange Strecke gut acht Stunden.

1933 Der *Fliegende Hamburger* ist der erste deutsche Schnellzug mit Dieselantrieb. Er verkehrt zwischen Hamburg und Berlin.

1934 Der Deutsche Hermann Kemper erfindet die Magnetschwebebahn.

Eröffnung der transkontinentalen Eisenbahnstrecke in den USA (1869)

Ein Querschnitt des Eurotunnels, der 1994 eröffnet wurde

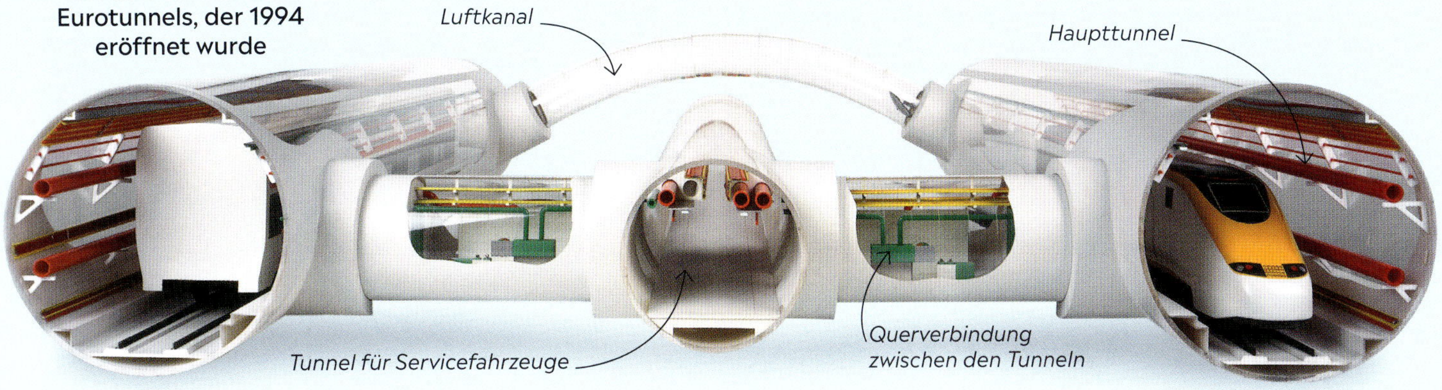

1935 Die erste Linie der Moskauer U-Bahn ist fertig.

1938 In Großbritannien stellt die Lokomotive *Mallard* mit 203 km/h einen Weltrekord für Dampfantrieb auf.

1941 Die Union Pacific Railroad in den USA präsentiert ihre neue Lokomotive: Die *4-8-8-4 Big Boy* ist die größte Dampflok, die jemals gebaut wurde.

1960 In den USA werden Containerzüge in Betrieb genommen.

U-Bahn in Moskau (Russland)

1964 In Japan entsteht die erste für den Personenverkehr gebaute Hochgeschwindigkeitsbahn. Auf dieser Strecke fahren die *Shinkansen* 210 km/h.

1968 In Großbritannien wird der letzte Dampfzug von der Strecke genommen.

1970 Die Penn Central Railway hat kein Geld mehr. Es ist die größte Firmenpleite in der Geschichte der USA.

1981 Frankreich eröffnet die erste Hochgeschwindigkeitsstrecke für den TGV zwischen Paris und Lyon. Der Zug erreicht 300 km/h.

1984 In den USA fahren die ersten Doppelstock-Containerzüge.

Die erste Magnetschwebebahn der Welt geht am internationalen Flughafen von Birmingham (Großbritannien) in Betrieb.

1985 Ein britischer Hochgeschwindigkeitszug stellt mit 238 km/h einen neuen Weltrekord für Dieselzüge auf.

1991 Deutschland eröffnet die erste ICE-Hochgeschwindigkeitsstrecke.

1994 Der Eurotunnel unter dem Ärmelkanal ist die erste Unterwasserverbindung zwischen Großbritannien und Frankreich.

2001 In Australien wird der längste Zug der Welt gemessen. Er ist 7,3 km lang und besteht aus 682 Wagen und 8 Lokomotiven.

2003 Im Testbetrieb stellt die Magnetschwebebahn in Japan mit 581 km/h einen neuen Weltrekord auf.

2004 China eröffnet die Magnetschwebebahn in Schanghai. Die Züge erreichen in nur zwei Minuten eine Geschwindigkeit von 350 km/h.

2006 China nimmt die höchste Bahnlinie der Welt in Betrieb. Sie verbindet Peking mit Xining und Lhasa in Tibet.

Die Union Pacific Railroad in den USA transportiert 172 Mio. Tonnen Kohle in einem Jahr: Weltrekord!

2007 Der französische TGV *V150* stellt mit 574 km/h einen neuen Weltrekord für elektrischen Antrieb auf.

2007 Mit dem *Shinkansen N700* stellt Japan einen umweltfreundlichen Hochgeschwindigkeitszug vor. Er verbraucht deutlich weniger Strom als andere Hochgeschwindigkeitszüge.

2008 Die erste fahrerlose U-Bahn Deutschlands geht in Nürnberg in Betrieb.

2016 Der Gotthard-Basistunnel in der Schweiz wird eröffnet. Er durchquert die Schweizer Alpen von Norden nach Süden und ist mit 57,1 km der längste Bahntunnel der Welt.

2017 Zwischen Berlin und München wird eine neue Schnellfahrstrecke in Betrieb genommen. Hier fährt der ICE bis zu 300 km/h schnell.

2020 China setzt den ersten fahrerlosen Hochgeschwindigkeitszug ein. Er verkehrt zwischen Peking und Zhangjiakou. Er erreicht 350 km/h.

2022 In Niedersachsen gehen die ersten Wasserstoffzüge in Betrieb. Sie werden im Regionalverkehr eingesetzt und sollen dort die Dieselloks ersetzen.

Der japanische *Shinkansen N700* (2007)

Mehr **erfahren**

Da Eisenbahnen so beliebt sind, gibt es viele Möglichkeiten, mit historischen Zügen zu fahren oder in Verkehrsmuseen Züge und Loks anzuschauen. Und im Internet findest du Gruppen von Eisenbahnfreunden und Informationen zu Veranstaltungen und Sonderzügen.

Bahnhof Goathland der North Yorkshire Moors Railway (Großbritannien)

Historische Züge

Überall auf der Welt gibt es noch historische Eisenbahnen. Du kannst dann mit Dampfzügen fahren und zuschauen, wie man eine Dampflok fährt.

Museumsbesuche

In Verkehrsmuseen gibt es meist auch eine Abteilung mit Zügen und anderen für die Eisenbahn wichtigen Dingen. Viele Länder haben ein nationales Eisenbahnmuseum. Da kannst du viel über die Eisenbahn erfahren.

INTERNETADRESSEN

- Die Erfindung der Eisenbahn – wie alles begann.
  https://www.planet-wissen.de/technik/verkehr/geschichte_der_eisenbahn/index.html
- Der erste Zug in Deutschland.
  https://www.dbmuseum.de/museum_de/ausstellungen_fahrzeuge/fahrzeuge/fahrzeughalle_l/3736566/adler.html
- Auch für Züge gibt es Verkehrsregeln.
  http://www.medienwerkstatt-online.de/lws_wissen/vorlagen/showcard.php?id=2379&edit=0
- Kinderseite der Deutschen Bahn.
  www.olis-bahnwelt.de
- Hier erfährst du alles über Stellwerke.
  www.stellwerke.de
- Wie funktionieren die Toiletten in Zügen?
  www.physikfuerkids.de/wiewas/klo/vacuum.html
- Du kannst dir einen Film über die Wartung einer Lokomotive anschauen.
  http://www.mdr.de/suche/video-159588_zc-13f2fa39_zs-8454ba72.html
- Mehr über die ICE-Züge findest du hier.
  www.bahn.de/p/view/service/zug/fahrzeuge/zugtypen.shtml
- Hier kannst du dich über die Transsibirische Eisenbahn informieren.
  www.abenteuer-transsibirien.de/cgi-bin/transsib.cgi?site=einleitung
- Bastel dir eine Lokomotive.
  https://www.coolkidz.de/bastelanleitung lokomotive.html

Eine Dampflok im Verkehrshaus der Schweiz in Luzern

Schienenfahrrad

Radfahren auf Schienen

Mancherorts wurden stillgelegte Bahnstrecken in Wander- und Radwege umgewandelt. Man kann dann den Strecken folgen, die früher von Zügen befahren wurden. In Deutschland, Frankreich und Schweden gibt es zum Beispiel auch Schienenfahrräder. Da fährt man auf Gleisen, die nicht mehr von Zügen genutzt werden.

ZÜGE IN FILMEN

Harry-Potter-Filme (2001-2011)
In den Filmen über den jungen Zauberer bringt der Dampfzug *Hogwarts Express* Harry und seine Freunde zur Zauberschule. Der Bahnhof Hogsmeade ist in Wirklichkeit der Bahnhof von Goathland (S. 68).

Der Polarexpress (2004)
An Heiligabend lädt ein Zauberzug einen kleinen Jungen zu einer Fahrt zum Nordpol ein. Dort trifft er den Weihnachtsmann.

Jeden Morgen hält derselbe Zug (1970)
Dieser Film nach dem Roman von Edith Nesbit handelt von Kindern, die in England zu Beginn des 20. Jh. an einer Eisenbahnstrecke aufwachsen.

Harry Potter und die Kammer des Schreckens (2002)

Zugsimulatorspiel von Microsoft®

Einmal Lokführer

Möchtest du wissen, wie sich ein Lokführer fühlt? Dann kannst du am Computer einen Zugsimulator nutzen. Bei so einem Spiel fährst du die Lok in einem Führerstand auf einer Nachbildung einer echten Zugstrecke. Bei manchen Versionen kannst du sogar Signale bedienen und eigene Strecken entwerfen.

Eisenbahnfreunde

Berühmte Loks werden oft zu besonderen Anlässen auf die Schiene gebracht. Dann können Eisenbahnfreunde sie fotografieren. Viele betreiben als Hobby das sogenannte *Trainspotting*. Das heißt, sie sammeln Bilder von Loks, die sie selbst gesehen haben.

BESUCHE DOCH MAL ...

DB MUSEUM NÜRNBERG
Das Museum der Deutschen Bahn hat die größte Sammlung von historischen Eisenbahnfahrzeugen in Deutschland.

EISENBAHNMUSEUM BOCHUM DAHLHAUSEN
Diverse Fahrzeuge und eine Sammlung von Signalen sind hier ausgestellt. Du kannst auch auf einem Zug mitfahren.

VERKEHRSMUSEUM DEUTSCHES MUSEUM (MÜNCHEN)
Das Museum zeigt mehrere Schienenfahrzeuge, zum Beispiel einen Nachbau von *Puffing Billy* und die erste Elektrolok von Werner von Siemens.

BERLINER U-BAHN-MUSEUM
Hier kann man historische Fahrzeuge und das ehemalige Stellwerk Olympia-Stadion besichtigen.

MINIATUR WUNDERLAND (HAMBURG)
Die größte Modelleisenbahnanlage der Welt. Die Strecke ist 12 km lang auf einer Fläche von rund 1200 m².

WIENER STRASSENBAHNMUSEUM (ÖSTERREICH)
Auf 1,8 km Ausstellungsgleisen werden 94 historische Fahrzeuge präsentiert.

Glossar

Auspuff Das Rohr, durch das die Abgase einer Diesellok strömen.

Bahnschwelle Der Querbalken aus Holz, Beton oder Stahl, auf dem die Schienen liegen.

Block Ein Eisenbahnabschnitt, der von einem bestimmten Signalgeber oder Stellwerk kontrolliert wird.

Breitfußschiene Diese Schiene hat eine T-Form und einen breiten, platten Fuß. Heute wird sie fast überall verwendet.

Bremserwagen Ein Schienenfahrzeug, das Güterzüge beim Bremsen unterstützt und als Unterkunft für Mitarbeiter dient.

Container Ein riesiger Behälter aus Metall, der mit Gütern beladen und dann mit Schiffen, Zügen und Lastwagen transportiert werden kann.

Damm Eine Erhöhung z. B. aus Erde, um eine Eisenbahnstrecke über das natürliche Bodenniveau anzuheben.

Dampflokomotive Eine Lokomotive, die durch das Erhitzen von Wasser Dampf erzeugt. Der Dampf wird dann in Zylinder gepumpt, die die Räder antreiben.

Dieselelektrische Lokomotive Eine Lokomotive mit einem Diesel- und mehreren Elektromotoren. Der Dieselmotor erzeugt den Strom für die Elektromotoren, die die Räder bewegen.

Schild an einer Eisenbahnbrücke

Diesellokomotive Eine Lok, die von einem Dieselmotor angetrieben wird.

Doppelkopfschiene Eine Schiene aus Großbritannien, bei der die obere Hälfte genauso aussieht wie die untere Hälfte. War eine Seite abgenutzt, drehte man die Schiene einfach um.

Drehgestell Ein drehbares Fahrgestell oder Gestell mit Rädern, das sich vorn an einer Lok oder einem Triebwagen befindet.

Druckluftbremse Eine Bremse, bei der hoher Luftdruck die Bremse anzieht oder löst.

Durchbruch Ein großer Graben durch felsige Landschaft, um einen flacheren Weg zu schaffen.

Ebenerdige Kreuzung Eine Stelle, an der eine Straße und eine Bahnstrecke sich kreuzen.

Einschienenbahn Ein Zug, der auf einer einzigen Schiene fährt.

Eisenbahnfähre Eine Fähre, mit der Züge über Wasser transportiert werden. An Deck haben solche Fähren Schienen.

Eisenbahnzeit Früher richtete man sich bei der Zeitmessung nach der Sonne. So hatten verschiedene Orte im selben Land unterschiedliche Ortszeiten. Daher wurde in den 1840er-Jahren eine einheitliche „Eisenbahnzeit" eingeführt.

Elektrischer Zug Ein Zug, der mit Strom angetrieben wird. Dabei stammt der Strom aus Oberleitungen, einer Schiene neben dem Gleis oder Batterien.

Feuerbüchse Ein Metallkasten in einer Dampflok, in dem das Feuer brennt.

Fischbauchschiene Eine frühe Schiene aus Gusseisen mit einer gebogenen Unterseite.

Führerstand Der Teil einer Lok, in dem sich der Lokführer befindet.

Gusseisen Eine Art Eisen, das sich in fast jede Form gießen oder formen lässt. Zu Beginn der Eisenbahn wurde Gusseisen für Schienen und Brücken verwendet. Später nahm man dafür das stärkere Schmiedeeisen.

Güterzüge Züge, die Güter und Rohstoffe in Waggons transportieren.

Heizrohr Dieses Rohr leitet die Hitze vom Feuer zum Kessel einer Dampflok. Das Wasser darin fängt an zu kochen und erzeugt Dampf.

Diesellokomotive

Hochbahn Eine auf Stelzen gebaute Gleisstrecke in Städten, um über dem Straßenverkehr zu fahren. Beispiele sind die Wuppertaler Schwebebahn oder die U-Bahnen in Berlin und Hamburg, die teils auch überirdisch auf solchen Gleisen fahren.

Kamin Der Schornstein einer Dampflokomotive, der den Rauch des Kohlefeuers in die Luft abführt.

Kolben Teil einer Dampflok, der die Räder antreibt.

Kupplung Eine Vorrichtung, mit der man Schienenfahrzeuge miteinander verbindet.

Laufräder Räder, die nicht angetrieben werden, sondern hinter den Antriebsrädern einer Dampflok mitlaufen.

Standseilbahn in Pau (Frankreich)

Lokomotive Ein selbst angetriebenes Eisenbahnfahrzeug, das einen Zug aus Wagen oder Waggons ziehen kann. Es gibt Dampf-, Diesel- und elektrische Lokomotiven.

Lore Ein kleiner Eisenbahnwaggon.

Magnetschwebebahn Ein Zug, der mithilfe von Elektromagneten über eine spezielle Schiene schwebt. Dadurch gibt es keine Reibung und die Züge sind sehr leise.

Neigezug Ein Zug, der sich in Kurven neigt. So kann er in Kurven schneller fahren.

Puffer Ein Stoßdämpfer auf der Vorder- und Hinterseite von Schienenfahrzeugen.

Pullman-Wagen Ein Luxuswagen für Menschen mit viel Geld. Dieser Wagen wurde 1865 in den USA als Schlafwagen für Fernzüge eingeführt. Später stand der Name für erstklassige Bahnreisen.

Rad mit Spurkranz Ein Eisenbahnrad mit einem aufstehenden Rand, dem sogenannten Spurkranz, an der Innenseite.

Rangierlok Eine kleine Lokomotive zum Bewegen von Waggons auf einem Rangierbahnhof.

Saugluftbremse Die Bremse bremst, solange Unterdruck im Bremszylinder herrscht. Sobald der Druck abgelassen wird, löst sich die Bremse.

Schauglas Ein Behälter an einer Dampflok, an dem der Lokführer den Wasserstand im Kessel erkennt. Wäre kein Wasser mehr darin, würde die Lok explodieren.

Schlafwagen Ein Waggon mit Bettenabteilen, in denen Reisende während der Fahrt schlafen. Die ersten Schlafwagen fuhren in den 1830er-Jahren in den USA.

Schlepptender Der Wagen hinter einer Dampflok, in dem sich der Brennstoff und das Wasser für die Lokomotive befinden.

Schmiedeeisen Eisen, das durch Schmieden oder Hämmern bearbeitet wird und vor der Erfindung des (härteren) Stahls verwendet wurde.

Signal Meistens ein Pfosten mit einem Flügel oder einer Lampe. Signale zeigen an, ob Züge anhalten, fahren oder abbremsen sollen. Ein Signal kann ein Pfeif- oder Klingelton oder eine Handbewegung sein.

Spurweite Der Abstand zwischen den Schienen. 1435 mm beträgt die Spurweite, die am meisten verwendet wird. Daher heißt sie „Normalspur“.

Standseilbahn Standseilbahnen fahren auf Strecken mit starker Steigung. Dabei kommen Seile oder Ketten zum Einsatz, die die Fahrzeuge die Hänge hinauf- und hinunterbewegen.

Zahnradbahn in Snowdonia (Großbritannien)

Stellwerk Ein Gebäude, in dem die Bewegung von Zügen gesteuert wird. Das passiert mithilfe von Signalen und Codes zwischen den Stellwerken.

Telegraf Ein Gerät, um Signalcodes zwischen Stellwerken zu verschicken.

Tender Eine Dampflokomotive, die das Wasser und die Kohle auf der Lokomotive selbst transportiert und nicht in einem Schlepptender hinter sich herzieht.

Einschienenbahn in Walt Disney World, Florida (USA)

Treibstange Teil einer Dampflok, der die Räder antreibt. Er besteht aus einer Stange in einem Zylinder, die durch Dampf ein- und ausgeschoben wird. Mit anderen Stangen werden die Räder zum Drehen gebracht.

Triebrad Ein Rad, das eine Lok antreibt. Bei Dampfloks treiben Kolben, Zylinder und Treibstangen die Antriebsräder an. Bei Diesel- und Elektroloks bewegen Elektromotoren die Antriebsräder.

Triebwagen Ein selbst angetriebenes Personenfahrzeug, bei dem sich der Motor meist unter dem Boden befindet.

Wagen oder **Waggon** Ein Teil eines Zuges, der von einer Lok oder einem Triebwagen gezogen wird.

Weiche Gleisstücke, durch die ein Zug von einem Gleis auf ein anderes wechseln kann.

Winkelschiene L-förmige Schienen aus Eisen. Diese wurden auf Hochbahnen für Waggons mit glatten Rädern verwendet. (Heute haben Schienenfahrzeuge Spurkranzräder.)

Beladung von Güterwaggons (Ghana)

Zahnradbahn Eine Eisenbahn mit einer Zahnstange zwischen den Schienen. Der Zug oder die Lok hat ein Zahnrad, das in die Zähne der Zahnstange greift. So können Zahnradbahnen sehr steile Hänge befahren.

Zahnstange bzw. **-schiene** Eine extra Schiene, die es oft bei Bergbahnen gibt. *Siehe auch* Zahnradbahn.

Zug Eine Einheit aus Triebfahrzeug(en) und Wagen oder Waggons, die auf Schienen Güter oder Personen transportieren. Eine Lokomotive ist nur das Triebfahrzeug.

Zugchef oder Zugführer Die Person, die für Sicherheit und den ordnungsgemäßen Ablauf einer Zugfahrt verantwortlich ist.

Zugschlussleuchte Die Warnlampe an der Rückseite eines Zuges.

Zylinder Ein runder Metallbehälter in einem Motor, in dem sich Dampf ausdehnt oder sich Brennstoff entzündet. Dadurch werden Kolben ein- und ausgeschoben und die Räder angetrieben.

Register

Dank/Bildnachweis

Der DK Verlag dankt die folgenden Personen für ihre Unterstützung: den Mitarbeitern des National Railway Museum, York, insbesondere David Wright und Richard Gibbon; John Liffen vom Science Museum; Justin Scobie für Fotoassistenz; dem London Transport Museum; den Stellwerkern des Bahnhofs Three Bridges (British Rail) in West Sussex; der Bluebell Railway; dem Flughafen Gatwick; Robert Gwynne und Russell Hollowood vom National Rail Museum, York; Claire Gillard für die Anfangsrecherche; Rupa Rao, Helena Spiteri, Lisa Stock und Gin von Noorden für Lektoratsassistenz; Earl Neish für die gestalterische Assistenz; Vijay Kandwal für Farbdesign; Priyanka Sharma-Saddi für den Schmutzumschlag; Elizabeth Wise für die Registererstellung.

Der Verlag dankt folgenden Personen und Organisationen für die freundliche Genehmigung zum Abdruck von Fotos:

(Abkürzungen: o = oben, u = unten, m = Mitte, l = links, r = rechts, g = ganz, Hg = Hintergrund)

Advertising Archives: 26 (mu); **Alamy Images:** 33 (mgo), Artepics Bridgeman Images 30 (mu), Anthony Brown 49 (mo), Bradley Caslin 47 (mol), Historic Collection 29 (gor), Jerry Tavin / Everett Collection 25 (gor), The Print Collector 8(gor), Alex Fairweather 7 (mor), FineArt 13 (mor), ILYA GENKIN 23 (mu), Dennis Schmelz / Mauritius images GmbH 43l, Paul Heinrich 52-53 (m), Science History Images 41 (gor), World History Archive 42 (mu), imageBROKER 58-59 (gol), J3BJP4 59 (gor), Niday Picture Library 36 (gol), Ben McRae 47(gor), Granger, NYC 19 (mur), Granger, NYC. 39 (gor), eye35.pix 49 (ur), Dave Porter 6-7 (go), Qaphotos.com 21 (mul)., Christoph Rueegg 41 (mr), Steve Tulley 63 (ul), Asar Studios 11(mo), Daniel Wyre 53 (mgo), Zoonar / zhang zhiwei 33 (u); Steve Crise / Transtock Inc. 62-63 (m); Michael Grant 70 (ul); JTB Photo Communications, Inc. 65 (ul), 65 (ol); James Lovell 68 (gor); Iain Masterton 67 (ur); Sami Sarkis France 69 (ol); Nick Suydam 64 (mol). **alimdi.net:** Photographers Direct 68 (ur). **Alstom:** © ALSTOM SA 2018. M. Brey | Coradia iLintTM 62-63m. **Aquarius Library:** Warner Bros 69 (gor). **Australian Overseas Information Service, London:** 42 (gor). **Barlow Reid:** 41 (ml). **Bettmann Archive / Hulton Picture Library:** 19 (go). **Bridgeman Art Library / Science Museum, London:** 11 (ugoM); National Railway Museum, York 11 (gor); Private Collections: 13 (ugM); Guildhall Library, Corporation of London: 56 (ml). **Bridgeman Images:** Peter Newark American Pictures 18 (ol). **Britt Allcroft (Thomas Ltd), 1989:** 61 (gor). **Jean-Loup Charmet:** 10 (mor) 30(ul), 39(ul), 44 (ml), 56 (gor). **J.A. Coiley:** 54(mr), 58(ur). **Corbis:** Eleanor Bentall 65 (ur); Ursula Gahwiler / Robert Harding World Imagery 64 (gor); Colin Garratt, Milepost 92_71 (mr); Gavin Hellier / Robert Harding World Imagery 67 (ml); Dave G. Houser 64 (mu); Bruno Morandi / Robert Harding World Imagery 65 (mo); Michael Reynolds / EPA 65 (gor); Phil Schermeister 64 (ul); Naoaki Watanabe / amanaimages 65 (mr); Culver Pictures Inc.: 11 (gol), 16btr, 19 (ur), 37 (gol), 41btr. **Deutsche Bahn AG:** Vidovic / Siemens Mobility GmbH 39(ur); Volker Emersleben 38-39(m). **DK Images:** Rough Guides 71 (mgo), 71 (ul). **Docklands Light Railway Ltd / Marysha Alwan:** 62 (ol). **drr.net:** Joern Sackermann 69 (mu). **e.t. archive:** 6 (ul), 9 (ml), 9 (mo), 9 (m), 12 (mor) 16 (ul), 20 (gor), 26 (ugor) (Detail), 28 (mr), 29 (mo), 32 (gor), 46 (ml), 49 (uMo), 51(gor). **Getty Images:** Construction Photography / Avalon 46-47 (u), Bettmann 20 (mu), Franck Chazot 58 (mul)., Print Collector 21 (mor), Mike Danneman 26-27 (go), FatCamera 61 (u), Science & Society Picture Library 9 (gor), Science & Society Picture Library 15 (mo), Science & Society Picture Library Bridgeman Images 12-13 (u), Prakash Singh 57 (mo), Paolo Vieceli 35 (mul).; Hulton Archive / Andrew Joseph Russell / MPI 66 (ur). **Getty Images / iStock**: ZU_09 42 (ml). **Hulton Picture Company:** 31 (ugol). **Hutchison Picture Library:** 53 (mor). **Antony J. Lambert:** 45 (m), 60 (mor). **La vie du rail, Paris:** 39 (mo), 39 (ol). **Mack Sennet Productions:** 25 (mor). **Mansell Collection Ltd:** 23. **Mary Evans Picture Library:** 8 (ur), 9 (mr), 12 (go), 17 (ugol), 21 (mr), 28 (ml), 41 (gor), 61 (mol). **John Massey Stewart:** 45 (mul), 59 (ml). **Microsoft:** Microsoft product screen shot reprinted with permission from Microsoft Corporation 69 (m). **Millbrook House Ltd:** 7 (gor), 22(ur), 37(ur), 51 (ugol), 58 (mol), 63 (gor). **National Railway Museum:** 6 (ml), 6 (mr), 13 (ugor), 21 (mo), 21 (gor), 22 (mu), 37 (ugor), 43 (mur), 49 (gol), 50 (mr), 59 (mr); Terence Cuneo: 33 (m). **MVG München:** mit freundlicher Genehmigung 57or. **PA Photos:** DPA Deutsche Press-Agentur / DPA 62 (ur). **Peter Newark's Picture Library:** 13(mr), 18 (mr), 19 (m), 19 (gor), 24 (mor), 34 (gol), 42 (mur), 43 (ur), 53 (mr). **Quadrant Picture Library:** 27 (ugor), 43 (mur), 53 (mur). **Rank Films:** 49 (ml). **Retrograph Archive / Martin Breese:** 37 (mr). **Robert Harding Picture Library:** 52 (ml), 58 (ul). **Shutterstock.com:** Ngchiyui 62ol. **Telegraph Colour Library:** 50 (gor), 57 (m). **Weintraub / Ronald Grant:** 31 (ol). **Zefa Picture Library:** 24 (gol), 35 (gol), 59 (u). **University of Birmingham**: 63 (ur); **Dreamstime.com**: Richie Chan 22-23 (m). **Science Photo Library**: Maertin Bond 63 (ol). **University of Pittsburgh**: 35 (ur).

Cover: *Vorn:* **Alamy Stock Photo:** Boaz Rottem ml (Maglev); **Deutsche Bahn AG** / SIEMENS r; Deutsche Bahn AG / Volker Emersleben ml (Signal); **Dorling Kindersley:** Gary Ombler / Hitachi Rail Europe um (Javelin), **Dorling Kindersley:** Gary Ombler / Ffestiniog & Welsh Highland Railways mlo (Linda, Hunslet), Gary Ombler / Eisenbahnfreunde Traditionsbahnbetriebswerk Staßfurt mo (DRV60 (105 992-2)), Gary Ombler / Virginia Museum of Transportation ml (Virginia Central Porter), Mike Dunning / National Railway Museum, York om (Waggon), Mike Dunning / National Railway Museum, York m (Nummernschild), Mike Dunning / National Railway Museum, York m (Pfeife); **Dreamstime.com:** Belish or (Tacho), Jfspic gl (Signal); *Hinten:* **Dorling Kindersley:** Gary Ombler / Didcot Railway Centre mr (Shannon), Gary Ombler / Ffestiniog & Welsh Highland Railways mlo (Beyer-Peacock); **Getty Images / iStock:** Raclro mro (Briefmarke Mongolei), Raclro mro (Briefmarke Australien); *Rücken:* **Deutsche Bahn AG** / SIEMENS.

SCAN MICH

Kahoot!

Im Training

Profi-Runde

Pics Challenge